CZESAŁAM CIEPŁE KRÓLIKI

DARIUSZ ZABOREK

CZESAŁAM CIEPŁE KRÓLIKI

Rozmowa z Alicją Gawlikowską-Świerczyńską

wydawnictwo czarne

Wołowiec 2018

Projekt okładki Fajne Chłopaki
Projekt typograficzny Robert Oleś / d2d.pl
Fotografia na okładce © by Monika Bajkowska

Fotografie wykorzystane wewnątrz książki pochodzą
z prywatnego archiwum Alicji Gawlikowskiej-Świerczyńskiej
Fot. s. 37 i 38–39 © by Michał Radwański
Fot. s. 200 © by Anna Biała

Redakcja Magdalena Budzińska
Korekty Renata Arkuszewska / d2d.pl, Agata Czerwińska / d2d.pl
Redakcja techniczna i skład Robert Oleś / d2d.pl
Złożono pismami ITC Charter i Secca

Książkę wydrukowano na papierze Ecco-Book Cream 80 g/m², vol. 1,6,
dystrybuowanym przez firmę Antalis Sp. z o.o.

ISBN 978-83-8049-760-3

WYDAWNICTWO CZARNE sp. z o.o.
czarne.com.pl

Redakcja: Wołowiec 11, 38-307 Sękowa
redakcja@czarne.com.pl

Druk i oprawa: Drukarnia POZKAL
ul. Cegielna 10/12, 88-100 Inowrocław
tel. +48 52 354 27 00

Wołowiec 2018 · Wydanie II · Ark. wyd. 7,8; ark. druk. 12,5

Poświęcam moim Babciom:
Bronisławie Babiarz (1907–1988)
Stefanii Zaborek (1913–1980)

Do konkursu piękności „Miss Holocaustu" w Izraelu zgłosiło się pięćset kobiet ocalonych z Zagłady. Rozpiętość wiekowa od siedemdziesięciu czterech do dziewięćdziesięciu siedmiu lat...

No, to we właściwym wieku są kandydatki. Ja mam dziewięćdziesiąt dwa.

Finalistki cieszyły się z udziału, ale spotkały się z krytyką.

Przeżyły własną śmierć, niech się z tego cieszą. Jeśli osoba wiekowa jest zadbana, to dlaczego nie ma wziąć udziału? Myślę, że krytycznie reagują ci, którzy historię Zagłady znają ze słyszenia i dla nich to tylko makabra. A ja pamiętam, jakie żarty sobie robiłyśmy w Ravensbrück. Krematorium pracowało non stop, w całym obozie był dym i śmierdziało palonymi kośćmi, a my mówiłyśmy, że z tej będzie popiołek biały, a z tamtej niebieski, bo ma błękitną krew. Robiłyśmy uwagi, która pójdzie do nieba, a która do piekła. Nie można było żyć cały czas poważnie. Trzeba było mieć jakiś humor.

Pan się podenerwuje tydzień, a potem pan się przyzwyczai. Niech pan mi wierzy. Bo człowiek, gdyby tak się przejmował, toby właśnie nie przeżył.

Ciężko pracowałam, a potem waliłam się na pryczę i spałam, bo syrena wyła na pobudkę o czwartej rano. Obojętniałam na to, co wokół, i nie chodziłam wystraszona od rana do nocy, jak by się komuś wydawało...

Pamiętam, szyła ze mną buty dla wojska taka jedna mała kryminalna i mówiła: „Proszę mnie nie denerwować, bo ja zabiłam tatusia i mamusię”.

My się z tego śmiałyśmy.

Gdy dzień i noc dymi komin i czuć specyficzny smród palonych ludzkich ciał, to koniecznie trzeba znaleźć sposób, żeby o tym nie myśleć tylko w sensie: „Ach, dzieje się coś strasznego”. Bo człowiek zwariuje.

Były takie przypadki?

Pani Maria Karska, która z nami wpadła w konspiracji, zostawiła w Warszawie dwoje dzieci. Pewnego dnia dowiedziała się, że jej syn, nastoletni chłopaczek, zmarł na nowotwór kości. I przestała jeść, myć się, siedziała i narażała się na bicie. Kontakt z nią był trudny. Wpadła w trans i też chciała umrzeć.

Mimo że jej drugie dziecko na wolności żyło?

Córka żyła, ale ona tak rozpaczała za synem. Jednak gdy Niemcy zaczęli wywoływać na rozstrzelanie jej najbliższe koleżanki z bloku, to nagle się okazało, że wolałaby pożyć, i zaczęła się bronić psychicznie. Zmieniła się całkowicie, wróciła do życia. I wróciła do Polski, i żyła długie lata. Czyli potrzebny był jej wstrząs, żeby znalazła w sobie wolę życia.

Panie na konkursie piękności dobrze się bawiły, bo wspomnienia, zwłaszcza po długim czasie, stają się opowiadaniem, a nawet dykteryjką. Bo nagle przypominają się na przykład sytuacje komiczne. Jakie głupoty ludzie potrafią opowiadać, żeby bronić się psychicznie…

Przecież teraz, gdy spotykamy się w Klubie Kobiet Ravensbrück, to te opowieści są lekkie.

Wszystkie?

No, chyba że ktoś na zamówienie chce stworzyć makabrę. Są osoby, które do dziś mi mówią: „Boże, gdy zaczynam mówić o obozie, to cała się trzęsę”. „A ja traktuję to jako opowieść nie moją, tylko jakąś historyjkę – mówię im. – To jest dla mnie już tak odległe, że nie mam poczucia, że było okropne”.

Chcę panu powiedzieć, że są ludzie – bo obserwuję i słucham – którzy z wojny i z pobytu w obozie wydobywają okropności. Łatwo im to przychodzi. A ja uważałam, że jeżeli jest ciężko – a przecież nie byłam w ekstrawarunkach obozowych, tylko w takich, jak większość – to trzeba się bronić. Odpychać od siebie złe odczucia psychiczne i fizyczne. W każdej sytuacji znajdować moment świadczący o tym, że jest nadzieja, że ludzie nie są tacy źli.

W moich wspomnieniach głównej roli nie odgrywa to, że byłam zmęczona. No, byłam przecież. Ale uważałam, że jeśli się wyćwiczę, to będzie lepiej. Nie dopuszczałam do siebie uczucia, że nie wytrzymam, że ja tu zaraz zginę.

Są osoby, które lubują się w opowiadaniu najgorszych rzeczy, żeby podnieść swoją rangę, że tyle przeszły: patrzcie, jaka ja jestem.

Żeby zrozumieć to wszystko, to trzeba było pobyć w obozie. A opowiadania pań, które były w obozie dwa tygodnie i zaraz pojechały do pracy w zakładach zbrojeniowych, są powierzchowne. Były głodne – to była makabra. Chodziły gołe, bose – to była makabra. To jest przeciwne mojej naturze i zawsze mówię: „Słuchajcie, ja nic okropnego nie opowiem, bo przypominam sobie miłe sytuacje międzyludzkie, dobre stosunki, wzajemną pomoc. To mi przychodzi do głowy, nawet ze strony Niemców. Nie mogę myśleć o makabrach".

A jaką największą makabrę przeżyła pani w obozie?

Walka z psychiką, żeby utrzymać się na powierzchni i żeby utrzymać w sobie optymizm, to już była makabra.

Jaki miała pani sposób, żeby przeżyć?

Polubić sytuację.

Polubić obóz koncentracyjny?!

Tak! Polubić obóz koncentracyjny! Popatrzeć rano na apelu – gdy się stało trzy godziny – jakie wschodzi piękne słońce.

Stałam i na wprost siebie miałam mur. Lecz za murem był las. Gdy drzewa pokrywał szron i śnieg, ta biel odbijała się w słońcu i wspaniale to wyglądało. Zapominałam, gdzie jestem.

Zawsze miałam w głowie, że to, co człowiek robi, powinien polubić. Zwłaszcza gdy sytuacja jest nie do zmiany. Mam sytuację przymusową i nie ma innego wyjścia. Wyrzucałam z głowy rzeczy nieprzyjemne, nie rozmyślałam, mówiłam: „To jutro…". Zapewniam pana – ta metoda daje efekty. Moje życie potwierdziło, że to jedyny sposób, żeby uchronić się przed nieszczęściem.

Czyli jak działać?

W każdej sytuacji znaleźć swoje miejsce, odkryć, że to, co nas spotyka, nie jest złe.

Przeżyć można tylko dzięki odpowiedniemu nastawieniu. Trzeba mocno popracować nad sobą.

Już w obozie pani o tym wiedziała?

Tak, oczywiście!

Przecież trafiła tam pani, mając dwadzieścia lat.

Ponieważ dosyć wcześnie miałam kłopotliwe życie, to wcześnie zaczęłam się tego uczyć. Ale nikt mi tego nie powiedział, sama to sobie wykoncypowałam.

Jest taka życiowa zasada – dopóki człowiek wykonuje podstawowe czynności: chce się umyć, chce zjeść, chce się uczesać, chce się ubrać, to będzie żył. No, chyba że ma nadzwyczajnie zły los, tragiczną chorobę, coś ponad. Ale kiedy przestaje spełniać życiowe obowiązki wobec siebie samego, to koniec. Wiadomo, że z tego nie wyjdzie. To było ewidentne w obozie. Gdy źle się czułam, nic mi się już nie chciało, myślałam: „O, to zły sygnał". Nie wolno! Trzeba wstać, trzeba się ubrać, trzeba coś zjeść, trzeba wyjść na dwór, nawet jeśli człowiekowi bardzo się nie chce.

Zasada święta do dziś: codziennie wstaję o szóstej i nie zjem śniadania, jeżeli nie jestem ubrana, uczesana, umalowana.

Nawet gdy jest pani w domu sama?

Oczywiście.

Wie pan, gdy trafiłam do obozu, byłam już na tyle dorosła, że uważałam, że tam też można zobaczyć coś ciekawego, poznać nowe życie (śmiech). Jeżeli miałam w tym obozie żyć, to musiałam kombinować, starać się o dobrą posadę i jakoś się urządzić.

Od rana do nocy powtarzałam sobie: „Na pewno wrócisz do Polski". Nie dopuszczałam myśli, że nie dam rady, że nie przeżyję, że zaraz mnie tutaj szlag trafi. Myślałam: „Muszę dać sobie radę w tej nowej sytuacji".

Ale sprawa przeżycia to nie tylko sprawa siły fizycznej, że byłam zdrowsza od pani X czy pani Y, tylko odpowiednia psychika. Siła charakteru ratuje.

Uważałam, że trzeba dostosować się do obozowego życia. To umiejętność, gimnastyka życiowa.

Potrafiłam ograniczyć się w zachciankach, bo niektóre dziewczyny ciągle narzekały. Brakowało im ciepłego łóżka albo mamusi, albo tatusia, albo narzeczonego, męża, dzieci. Narzekały na jedzenie. Oczywiście, że w normalnym życiu nigdy nie byłam głodna, a w obozie był głód, ale ja to dobrze znosiłam.

W 1939 roku zdałam maturę i złożyłam papiery do Wyższej Szkoły Dziennikarskiej, ale wybuchła wojna i nic z tego nie wyszło. Zawsze miałam łatwość pisania, dziennikarstwo mnie frapowało i do dziś mi się podoba.

Proszę przeczytać – znalazłam swoją notatkę wojenną.

> Pamiętam noc z 31.08 na 1.09.1939. Mieszkałam wtedy w centrum miasta, akurat byłam w trakcie czytania książki, która ukazała się na rynku i wzbudzała zainteresowanie, to było *Przeminęło z wiatrem* Margaret Mitchell. Byłam zachwycona, postanowiłam skończyć tej nocy. Pamiętam, zbliżał się ranek, kiedy zamknęłam książkę. Zanim zasnęłam, rozległy się pierwsze syreny alarmu przeciwlotniczego, a potem warkot maszyn i odgłosy wybuchów. Początkowo trudno było opanować strach przed walącymi się na głowę murami, pożarami, wśród ludzi

ogarniętych paniką. Potem jednak zaczęłam patrzeć na wszystko filozoficznie – wierzyłam, że przeżyję. Nigdy nie zapomnę przemówień radiowych prezydenta Starzyńskiego, który pozostał na posterunku do końca, dodając wszystkim wiary i odwagi.

Zdjęcie maturalne, 1939 rok

Powiem panu, że jedną z najważniejszych dat w moim życiu jest 9 grudnia 1939 roku, gdy rozkręciła się wojna. Zadzwoniła do mnie moja nauczycielka języka polskiego pani Maria Strońska, że chce się spotkać. Na placu Zbawiciela zaproponowała mi pracę w konspiracji. Nooo! Od razu się zgodziłam. Miałam osiemnaście lat i myślałam: „Wielka przygoda. I zaszczyt". Zostałam łączniczką Komendy Głównej Związku Walki Zbrojnej, który przekształcił się w Armię Krajową.

Maria Strońska kierowała Wydziałem Łączności Wewnętrznej w Oddziale Drugim Komendy Głównej ZWZ-AK. Dlaczego zwróciła się do pani z tą propozycją?

No, ja nie wiem, nie będę mówić nieskromnie (śmiech). Uważała prawdopodobnie, że jestem odpowiedzialna i że podstawy moralne mam dobre. Obserwowała mnie jako uczennicę, rozmawiałyśmy, może wynikało to też z wypracowań, które pisałam. A ja uważałam, że to kapitalna przygoda. Później wiedziałam, że to ryzyko, ale dla mnie to nie było istotne, nie zastanawiałam się nad tym pięciu minut.

Odwaga miała znaczenie w doborze ludzi do konspiracji?

Miała, bo gdy ktoś krył się po kątach – bo ludzie pokazywali, że się boją – to wtedy się mówiło: „Siedź, człowieku, w domu i opiekuj się rodziną". Jednak ja tak przyzwyczaiłam się do tych zajęć, że nie czułam strachu i nie wierzyłam, że może zdarzyć się coś złego.

W konspiracji ważny był spokój, równowaga psychiczna, żeby – jak się dzisiaj mówi – nie panikować.

Po dwóch miesiącach pani Maria Strońska powiedziała mi, że chciałaby, żeby ktoś jeszcze dołączył do naszej grupy łączniczek. Spytałam swoją przyjaciółkę Joasię Penson – wtedy Muszkowską – i ona też od razu się zgodziła. Pani Maria ściągnęła jeszcze naszą koleżankę ze szkoły Jankę Machowską i starszą panią Marię Karską.

Jaki miała pani pseudonim konspiracyjny?

„Ala".

A wasza grupa łączniczek miała swoją nazwę?

„Album".

Nasza grupa to byłyśmy my cztery, spotykałyśmy się codziennie. Piąta koleżanka, Kaczorowska, na imię miała chyba Halina, wcześnie odeszła z konspiracji, bo w 1940 roku zaczęły się komplety medyczne, na które ja też troszkę chodziłam. Ale nie miałam czasu, bo wychodziłam z domu rano, gdy tylko skończyła się godzina policyjna, a wracałam wieczorem, też z godziną policyjną. Liznęłam medycyny, ale wolałam konspirację. Ona odeszła, bo powiedziała, że musi się uczyć, i chodziła na medycynę.

Gdybyście razem chodziły na te zajęcia, to pewnie nie trafiłaby pani do obozu?

Ale co z tego? Po wojnie nadrobiłam wszystko i mam sześćdziesiąt parę lat pracy. Jeszcze w czwartek idę do przychodni, bo zapisani są pacjenci (śmiech).

W konspiracji pracowałyśmy razem, ale każda miała inne zadania: roznosiłyśmy i przekazywałyśmy pocztę, organizowałyśmy kontakty.

Jak to wyglądało?

Tak, że wiedziałyśmy, gdzie się zwrócić, bo były różne punkty.

A gdyby mogła pani powiedzieć jaśniej, bo o konspiracji mówi pani językiem konspiracyjnym.

Tak, naprawdę? Bo ja nie wiem, jak to można inaczej powiedzieć...

Bardziej obrazowo, jak dla przedszkolaków.

(Śmiech). Proszę pana, były różne lokale, każdy pod czyjąś opieką. To znaczy w każdym była gospodyni – jedna z dziewczyn – i odbierała tam pocztę, którą przynosiły łączniczki. Umawiałam wizyty, kontakty całej wierchuszki. Meldowałam szefowej – pani Strońskiej – że taki a taki pan chciałby się spotkać tu i tu, i już dalej to szło.

A ten pan to kto to był?

To byli oficerowie naszego wojska. Umawiałyśmy ich na hasło.

Siedziała pani w swoim lokalu i na co pani czekała?

Nie zawsze wiedziałam, na co czekam, byłam tam parę godzin, czytałam książkę, przychodziła łączniczka, mówiła umówione hasło, wchodziła do pokoju i oddawała pocztę. Potem ja tę pocztę zanosiłam szefowej, a ona dalej.

W jakiej postaci była ta poczta?

Karteczki maleńkie, bibułki. Przekazywałam je pani Strońskiej, chyba że miał się po nie zgłosić ktoś inny. Wtedy łączniczka mówiła, że za godzinę przyjdzie mężczyzna i poda hasło. Albo czasami byli umówieni oficerowie, żeby się spotkać i porozmawiać.

Pani jest w lokalu, przychodzi oficer i...?

Też musiał powiedzieć to, co było umówione: „Z panią Jadzią mam się tu spotkać". A za piętnaście minut przychodził drugi oficer.

Pani Jadzia?

Tak, pani Jadzia (śmiech).

Musiałyście sprawdzić, czy lokal nie jest zagrożony?

To już wiedziała szefowa. Adresów nie nosiłam przy sobie. Nie zapamiętywałam numerami, tylko wzrokowo, gdzie się które lokale mieszczą. Wszystko było w głowie.

Umawianie oficerów nie mogło być telefoniczne, zawsze musiało być z ust do ust.

Jeżeli nasza szefowa się z kimś umawiała, to mówiła którejś z nas, by z nią przyjść, bo zawsze musiał być łącznik. W międzyczasie mnie wysyłała z pismem, żeby oficer nie nosił przy sobie dokumentów. Zawsze za niego coś nosił łącznik.

Pamiętam zebranie głównodowodzących, na którym był generał Stefan „Grot" Rowecki.

Komendant główny Związku Walki Zbrojnej, a potem – Armii Krajowej.

Na to zebranie nie szła nasza szefowa, tylko szef naszego oddziału drugiego podpułkownik Wacław Berka – pseudonim „Brodowicz". I ja za nim niosłam raport dla Paryża, czy już wtedy dla Londynu.

Zapamiętałam, że generał „Grot" Rowecki był pięknym mężczyzną. To robiło wrażenie, bo imponował wyglądem, postawą, był człowiekiem odważnym, z charakterem. Pamiętam, że weszłam, było kupę ludzi, a on stał przy oknie i rozmawiał. Byłam moment, przywitałam się, oddałam dokumenty i wyszłam.

Czyli w zasadzie wykorzystywano was, młode dziewczyny, do tej pracy łączniczek?

Zawsze tak było, bo dziewczyna była mniej podejrzana niż oficer.

Ale w razie wpadki to pani idzie do więzienia, a nie oficer.

Tak, ale oficer ważniejszy niż ja.

Była pani świadoma, że na coś takiego się decyduje?

Pewnie, przecież mogłam nie chcieć.

Wasza koleżanka zdecydowała się na komplety medyczne.

No właśnie. A ja nie miałam tego w głowie. Mój kolega z łączności Adam, z którym chodziłam, postawił przecież warunek, że albo on, albo praca w konspiracji. Powiedziałam: „Konspiracja".

Ludzie w tym wieku wybierają miłość.

Ale patriotyzm... Proszę pana, to było najważniejsze, to był honor. Nie był pan na wojnie.

Nigdy więcej nie widziałam już tego Adama.

Choć gdy zostałam aresztowana, on przychodził do mojej niani i pytał, co ze mną.

A gdyby pani zrezygnowała z konspiracji, on też by zrezygnował?

Nieee... (śmiech). O mnie chodziło, bo się o mnie bał. Byłam młodsza od niego i nie w głowie mi były amory (śmiech). Gdy go poznałam, miałam osiemnaście lat, on był o pięć lat starszy. Śmiałam się, gdy mi się oświadczył, uważałam, że nie pora, nie czas i nie sytuacja. Wszystko brałam lekko, mówiłam: „Ty chcesz się ze mną żenić, a ja nie umiem zrobić śniadania". A on: „To ja ci będę robił" (śmiech).

Przystojny był chłopak. A poza tym – porządny, do mnie dobrze nastawiony. Ale zażądał, żebym przestała się bawić w konspirację. Powiedziałam mu: „Nie, nie, nie. Jeszcze mi się nie zdarzyło, żeby ktoś zdołał mnie odwieść od czegoś, co robię z przekonaniem. Idź sobie".

On skończył podchorążówkę łączności i pracował w konspiracyjnym radiu, organizował łączność na Żoliborzu, latał na szybowcach, skakał ze spadochronem.

Jak się nazywał?

Adam Struczowski.

A jak się poznaliście?

Przyszedł do lokalu na Wilczą, gdzie siedziałam, przyniósł pocztę, wypowiedział hasło. Popatrzyliśmy na siebie. I następnego dnia znów przyszedł, już bez listów (śmiech). Zaczęliśmy chodzić na spacery, a mróz był potworny, człowiek bez przerwy był niedogrzany, ale chodziło się, a jakże... Potem zaczął przychodzić do mnie do domu, ja u niego byłam raz. Osoby z konspiracji za często nie odwiedzały się w domach.

A potem, w 1941 roku, Niemcy zamknęli mnie, a jego – w 1943. I właśnie w lecie 1943 roku przyjechała do Ravensbrück z Warszawy jedna z pań, której mąż pracował w łączności, i w rozmowie wymieniła nazwisko Adama, powiedziała: „Ale on nie żyje, umarł". Mnie się zrobiło przykro, bo gdy się rozstawaliśmy, nie byłam dla niego sympatyczna.

Adam na Majdanku zaraził się tyfusem i zawinął się w ciągu dwóch miesięcy, umarł w szpitalu obozowym.

Gdy w 1965 roku przeprowadziłam się z Otwocka do Warszawy, wróciły wspomnienia. Wtedy odnalazłam jednego z braci Rodowiczów, Władysława, który na Majdanku pracował w szpitalu i był przy jego śmierci.

Dowiedziałam się też, że matka Adama wyjechała do siostry do Krakowa. Coś mnie jątrzyło, wzięłam urlop, pojechałam do Krakowa i ją odnalazłam. Ona mnie nie pamiętała. Ale jej przypomniałam. I się zaprzyjaźniłyśmy. Ona ciągle była nieszczęśliwa z powodu syna.

Był jedynakiem?

Tak. I proszę sobie wyobrazić, że spotkałam się z nią w lutym, a ona w maju umarła. Wszystkie pamiątki po Adamie mnie przysłano. A to jest zdjęcie Adama, które dostałam od jego matki.

To proszę zaprezentować to zdjęcie, a ja panią z nim sfotografuję.

Ooo, nie, nie...

Dlaczego, przecież to pani młodzieńcza historia?

Tak, ale mam wyrzuty sumienia i nie chcę się z nim pokazywać, skoro kazałam mu odejść. Chcę zachować dystans. Pamiętam o tym, potrafię opowiedzieć, ale nie chcę żadnej bliskości. Ciągle czuję, że nie postąpiłam z nim tak, jak powinnam. Tym bardziej że już później go nie spotkałam i nie mogłam przeprosić. Dlatego nie chcę. Bo z każdym innym zdjęciem mogę się fotografować, ale z tym mam opór.

Czego byśmy się napili? Bo mam wino czerwone i białe, whisky jest jeszcze, to możemy tę resztkę wypić. Ja z wodą.

Jak wyglądało życie w mieście po wybuchu wojny?

Ludzie handlowali, chodzili do kawiarni, do restauracji, pracowali, starali się żyć normalnie. Telefony działały. Ale miałam wrażenie, że wszyscy się spieszą. Że nawet gdy się spotykają, to załatwiają interes i się rozstają. Szybko się przemieszczali. Nie było rozsiadania się, śmiania, gadania. Sporadycznie.

Moja niania Waleria mieszkała na Chmielnej u przyjaciółki mojej ciotki Ireny z Chełma, pani Zofii Chruścielewskiej. Ja mieszkałam u wujostwa na Kredytowej. Ale gdy wujek Henio z ciotką Helą zorientowali się, że pracuję w konspiracji, to za wszelką cenę chcieli się mnie pozbyć, tak się bali. Wuj wyczuł, że coś się dzieje, bo wychodziłam rano, wracałam z godziną policyjną, i żeby za mnie nie odpowiadać, zrzekł się opieki i sądownie mnie upełnoletnił.

A nie była pani pełnoletnia?

Skąd! Wtedy trzeba było mieć dwadzieścia jeden lat, a ja miałam osiemnaście. I pani Chruścielewska powiedziała, żebym sprowadziła się do niej. Ona mieszkała z synkiem, mieli dwa pokoje z dużą kuchnią, niania spała w kuchni, ja w pokoju z tą panią, a jej syn Janusz w drugim pokoju. Zawdzięczam jej bardzo dużo, bo przecież ona też wiedziała, że pracuję w konspiracji.

Pamiętam, że jako pierwszego poznałam kapitana Jurka Jurkowskiego – pseudonim „Wedel”. To był mój pierwszy kontakt, moje pierwsze wyjście w teren, byłam u niego w mieszkaniu na Wilczej. Zapamiętałam, że to był blondyn o niebieskich oczach.

„Wedel" działał razem z „Bolkiem".

Kapitanem Bolesławem Wójtowiczem, szefem Wywiadu Ofensywnego w Oddziale Drugim Komendy Głównej ZWZ.

Opowiem panu, jak „Bolka" wsypali. To był uroczy facet, pełen fantazji. Raz zaprosił mnie i moją koleżankę Hankę Strońską – córkę naszej szefowej – na swoje imieniny i ja pierwszy raz w życiu spiłam się wódą. Bo wcześniej to u cioci na imieninach wypijałam kieliszeczek nalewki i to było całe moje picie. Ale w konspiracji się piło. „Bolek" mieszkał na Matejki i nigdy nie zapomnę, jak on nam potem, gdy już wychodziłyśmy, dał paczkę z bronią krótką (śmiech). Jechałyśmy do Hanki, miałam u niej nocować, już był ciemny wieczór i wsiadłyśmy do tramwaju w Alejach Ujazdowskich, żeby dojechać na Rakowiecką, bo ona mieszkała przy alei Niepodległości. W tramwaju stanęłyśmy z brzegu, w części nieoszklonej, na powietrzu, nie chciałyśmy wchodzić do środka z tą bronią, jeszcze trochę zaprawione. Pamiętam, że jak szłam po trotuarze – takie rzeczy się pamięta, a przecież ile to lat temu było – to patrzyłam pod nogi, żeby iść równo (śmiech). Ale zajechałyśmy szczęśliwie, nikt nas nie zaczepił.

Ile miałyście tej broni?

Trzy sztuki. Miałyśmy ją potem komuś zanieść.

Pamiętam, że u Hanki spałam na rozkładanym łóżku i nie mogłam się ułożyć, bo co się położyłam, to świat mi kołował i musiałam siadać (śmiech). Nieźle się wtedy zaprawiłam. Na co dzień tak nie piłam, tylko jak były jakieś uroczystości, a wtedy on miał imieniny i jedzenie… To była kiełbacha, kawałek chleba i ta wóda.

No i jak on zginął? „Bolek" to był świetny organizator i facet. Jesienią 1940 roku już wiedział, że interesuje się nim Gestapo, że za nim chodzą, więc wyprowadził się gdzieś z mieszkania na Matejki. Niemcy przyszli, a jego już tam nie było. Wynajmował pokój w tym mieszkaniu i właściciele powiedzieli, że nie wiedzą, gdzie się podział, bo nie ma go od kilku dni, i się martwią. A on był taki brat łata, w wolnych chwilach bawił się z dziećmi na podwórku, w domu grał w jakieś gry. I nagle taki chłopaczek – z siedem lat miał – chciał się pochwalić przyjaźnią z „Bolkiem" i przy tych gestapowcach mówi: „Aaa, wy nie wiecie, ale ja wiem, gdzie on jest, nawet byłem u niego i grałem z nim w tryktraka". I podał adres. Proszę sobie wyobrazić, to się stało tak szybko, że nie było możliwości zawiadomienia go i Niemcy go złapali. Po ostrym przesłuchaniu w Gestapo na Szucha wywieźli go jednym z pierwszych transportów do Auschwitz i tam zginął.

W konspiracji działały też jego żona i siostra i my do końca nie wiedzieliśmy, która jest siostrą, a która żoną.

Wasze lokale kontaktowe zawsze były puste czy ktoś w nich mieszkał?

Nikt nie mieszkał, ale to były umeblowane mieszkania. Właściciele przenosili się do rodziny i zostawiali pusty lokal. Dawali klucze.

Dostawali za to pieniądze?

Tak, tak.

Czyli im się to opłacało?

Tak, ale nie wiem, ile zarabiali, takie sprawy załatwiała szefowa.

Pamiętam, że Joanna Penson miała lokal koło dzisiejszego Smyka. Mój pierwszy lokal był na Wilczej 50, u dwóch niezamężnych, nie najmłodszych sióstr Rylke. Poznałam je, ale w czasie naszego urzędowania nigdy nie pojawiały się w mieszkaniu. Na Wilczej było strasznie zimno, piece nie grzały, pierwsza zima wojenna potworna, okropne mrozy, więc miałam tam postawiony mały elektryczny piecyk. To był mój pierwszy lokal i byłam pełna emocji, spięta, zawsze w gotowości, potem to zbladło.

Mam książkę telefoniczną z 1939 roku, w której jest numer telefonu do tego mieszkania. Wie pan, datę 9 grudnia 1939 roku, kiedy zaczęłam pracować w konspiracji, świetnie pamiętam, bo to milowe sprawy w życiu. Konspiracja rozstrzygnęła o moim dalszym losie, bo gdyby nie to, to może Niemcy by mnie nie aresztowali, bo to aresztowanie było ściśle związane z moją pracą.

Konspirację nazywa pani pracą?

A jak to nazwać? To była ciężka praca od rana do wieczora. Bo ja jeszcze zajmowałam się wywiadem wojskowym (śmiech). Chodziłam na zwiady, jeździłam w teren obserwować przegrupowania, przesunięcia, akcje niemieckich wojsk. Z moim chłopakiem, wspomnianym Adamem, chodziliśmy na dalekie spacery pod Warszawę i pisaliśmy meldunki z ruchów oddziałów niemieckich. Wysyłało się je – nie pamiętam, czy co dwa tygodnie, czy co miesiąc – do Francji, a później do Anglii. Były ważne, pokazywały, co się dzieje z Niemcami w Polsce.

Do wywiadu została pani przygotowana?

Uczył nas pewien pan, ale nie pamiętam nazwiska. Nazywaliśmy go „Profesorem".

Waszym instruktorem i kierownikiem wyszkolenia wywiadowczego w oddziale drugim był major Marian Włodarkiewicz.

On nam robił regularne wykłady, jak się nie wsypać: nie gadać za dużo, nie zachowywać się zbyt prowokacyjnie, raczej możliwie jak najnormalniej, ale przede wszystkim umieć dobrze obserwować.

Uczył nas wojskowych odznaczeń i rang niemieckich, nazw niemieckich pułków, ja to potem, w celu uczenia innych, zapisywałam, rysowałam i robiłam albumy.

Tydzień przed aresztowaniem miałam nieprawdopodobną intuicję i wywiozłam te albumy z domu, a dużo ich miałam. Oddałam albo szefowej, Marii Strońskiej, albo grupie, która zajmowała się kontrwywiadem i śledzeniem wojsk niemieckich, a może gdzieś schowałam…

Jako konspiratorka nie chce pani powiedzieć, gdzie pani ukryła te materiały?

Może zakopałam w jakimś ogrodzie, cholera wie, kompletnie nie pamiętam. I po naszym aresztowaniu Niemcy tylko do mnie do domu przyszli na rewizję. A tylko ja z naszej czwórki miałam takie rzeczy. Szczęście czasem człowiek ma.

Armia Krajowa was utrzymywała?

Nie. Co miesiąc dostawaliśmy kieszonkowe, żeby wystarczyło na trzy, cztery kawy i ciastka. Jeśli była potrzeba, to nam dodawali. W kawiarni spotykaliśmy się często, żeby przekazać wiadomość, no to nie można było tak siedzieć, trzeba było zamówić kawę. Albo gdy trzeba było uciekać i wziąć rikszę czy taksówkę. Albo sprawić sobie porządne buty. Bo buty czasem nam fundowali, ja miałam już nawet zamówione, ale nie zdążyłam odebrać, bo wpadłyśmy (śmiech). Bo my strasznie dużo byłyśmy na nogach, chodziłyśmy od rana do nocy i buty były ważnym elementem konspiracyjnego życia.

W kawiarniach umawialiśmy się przeważnie w centrum, głównie na Marszałkowskiej. Często bywaliśmy w cukierni Pomianowskiego na rogu Marszałkowskiej i Piusa XI – obecnie Pięknej. Wtedy Marschallstrasse i Piusstrasse.

Przed wojną dużo było kawiarni i prawie zawsze grała muzyczka z płyt lub ktoś grał na fortepianie. To było sympatyczne, poprawiało atmosferę. A dla nas, ludzi konspiracji, ważne było, że gdy był taki szumek, to nie było słychać rozmów. Dzisiaj u nas w lokalach jest gwar, gadają, ale to jest szum targowy, a nie nastrojowy (śmiech).

Powiem panu, że do wszystkiego podchodziliśmy strasznie poważnie. Zawsze myślało się tylko o obowiązku, o ojczyźnie. Dzisiaj to wydawałoby się dziwactwem. Że zbierze się paru młodych ludzi i opowiadają, jak trzeba walczyć za ojczyznę. Wygłaszaliśmy takie patriotyczne, patetyczne przemówienia na co dzień.

A jak wam wypłacali pieniądze?

Łączniczkom wypłacała Maria Strońska.

Ale na bułkę też wystarczyło?

No pewnie, skoro wystarczyło na kawiarnię. Gdy wybuchła wojna, to nie było tak źle, jeszcze mięso można było dostać w Warszawie, ale ja nie zajmowałam się jedzeniem. Gdy mieszkałam u wujka Henia i ciotki Heli, to tam gotowała służąca, sympatyczna pani. A gdy byłam u pani Zosi Chruścielewskiej, to u niej gotowała moja niania Waleria. W konspiracji pracowałam do marca 1941 roku i w tym czasie ludzie mieli jeszcze zapasy jedzenia, tak że na początku wojny z jedzeniem nie było tragedii. Pamiętam, że głodna nie chodziłam. Ale ja żyłam z renty po ojcu.

W czasie wojny też?

Tak, załatwili mi to ludzie z konspiracji, bo pracowali w urzędach. Przecież wszystko można było na lewo załatwić, znajomości w magistracie, i już, bo to była renta od miasta.

Opowiadałam panu, jak wiozłam walizkę pełną pieniędzy?

Jeszcze nie.

Wysłali mnie po pieniądze na potrzeby konspiracji. Odebrałam wielką walizkę wypełnioną banknotami z domu na Puławskiej koło Madalińskiego, on nadal stoi, i przeszłam z nią dobry kawałek, a potem wiozłam ją tramwajem.

Jak dzisiaj to pani ocenia?

Szaleństwo. Ale chodziło o to, żeby te pieniądze szybko zabrać. Nikt mnie nie zaczepił, przekazałam walizkę pod dany adres. Dwa razy tak jeździłam.

Ale my też wyrabialiśmy sobie banknoty (śmiech). Nie wiem, jak i gdzie to się odbywało, ale to były pieniądze podrabiane. A poza tym były też skądś pieniądze na inwestycje, na te mieszkania wynajmowane od ludzi na lokale kontaktowe.

Nasz nieszczęsny lokal – niby komis z odzieżą, gdzie wpadłyśmy w 1941 roku – był na Mokotowskiej przy placu Trzech Krzyży. Ten dom też stoi do dzisiaj i wygląda tak samo (śmiech). Od frontu wchodziło się do naszego komisu, a od kuchni do ludowców – mieli broń, amunicję, drukarnię.

Pamiętam, że tego dnia, kiedy nas aresztowali, w bramie sobie pomyślałam: „Jeśli do dzisiaj nic nam się nie stało, to już wszystko będzie w porządku". Bo nikt nie myślał, że ta wojna tyle będzie trwała. To był 26 marca 1941 roku, a ja w konspiracji pracowałam od początku, czyli już prawie półtora roku. Weszłam do tego mieszkania, a o siedemnastej zwykle stamtąd wychodziłyśmy. Niemcy przyszli za pięć piąta. Zadzwonili elegancko do drzwi, ja otworzyłam, wpadł esesman z wyciągniętym do mnie rewolwerem, a za nim gromadka. Niemcy jak to Niemcy – wpadli z wrzaskiem i porozstawiali nas po kątach. Zaskoczenie, bo byłyśmy w płaszczach, gotowe do wyjścia. Pięć minut i by nas tam nie było. Niemcy przyszli do ludowców. Miałyśmy pecha.

Ile was wpadło?

Cztery: ja, Joanna Penson, Janka Machowska i starsza pani Maria Karska. Wszystkie przeżyłyśmy obóz. Ale my dwie z Joanną żyjemy do dziś. We cztery byłyśmy najściślejszą grupą, ale inne dziewczyny luźniej związane też bywały w naszym komisie.

W tym komisie miałyście ubrania?

Tak, były ciuchy, musiały być. Wisiały sukienki, żeby było widać, że jest serio. Ludzie dali ubrania, ale o to dbała pani Maria Karska. I było pianino Janki, a ona rzeczywiście grała, bo była po szkole muzycznej. Wisiało ogłoszenie, że jest komis.

Klienci przychodzili?

Nikt, żywej duszy, nie przypominam sobie kogokolwiek, ale przecież cały czas tam nie siedziałam.

Gdy otworzyłam, Niemcy polecieli w głąb mieszkania do ludowców. Stałam sama przy drzwiach, to było pierwsze piętro i mogłam uciec. Ale myślę: „Moja torebka leży na puszce z instrukcją do wyrobu dowodów osobistych i moje rękawiczki na tym leżą, więc trafiliby od razu do domu do pani

Chruścielewskiej, która mnie przygarnęła, tam jest jej dzieciak, tam jest moja niania, no to przecież ja ich narażam. Nie, to ja nie mogę".

Potem spojrzałam na Joasię i widzę, że ona jest zielona na twarzy – więc się do niej uśmiechnęłam. Esesman to zauważył, wściekł się i rąbnął mnie w twarz. A ja chciałam dodać jej otuchy. Później ci Niemcy mieli nas już na oku, ale kręcili się, latali do tamtej grupy ludowców. Widzę, że Joanna stoi jak skamieniała. Była wystraszona, a ja nie. Może dlatego jestem lekarzem i do dziś pracuję? Mam instynkt, że wystraszonemu chcę pomóc. Ja od razu zjadłam swoje listy, bo to bibułka, a ona stoi sparaliżowana strachem. Mówię: „Daj to". Wzięłam jej listy i też łyknęłam.

Proszę zobaczyć, jakie listy do mnie pisze – 26 marca – moja przyjaciółka Joanna Penson. Ona zawsze wspomina nasze aresztowanie:

> Kochana moja Alu!
>
> Zbliża się 26 marca, a więc moje myśli i uczucia krążą koło Ciebie, która wtedy wykazałaś tyle odwagi, samozaparcia i przyjaźni, w odróżnieniu ode mnie, która byłam zupełnie nieprzygotowana na zobaczenie w naszym „sklepie" Niemców z pepeszami. Liczę lata – to właśnie mija 60 (!), nie do wiary! W tym roku powinnyśmy się zobaczyć. Chyba nie ma co zwlekać.
>
> Gorąco Cię całuję, całe życie wdzięczna
>
> Twoja Joanna
> Glasgow, 24.03.2001

Sądzi pani, że nie dostałyście wyroków śmierci dlatego, że zjadła pani te listy?

Myślę, że w dużej mierze tak, bo były naprawdę kompromitujące.

Dzięki temu Niemcy właściwie nie mieli na nas bezpośredniego dowodu.

Wróćmy do waszej wpadki.

Nalot Niemców trwał godzinę, bo u ludowców zrobili dokładne przeszukanie. Gdy esesmani nas wyprowadzali, to szła do nas spóźniona koleżanka i jak nas zobaczyła, zrobiła w tył zwrot i poszła wszystkich zawiadomić, tak że wyszło szczęśliwie, bo już nikt nie przyszedł i nikt więcej nie wpadł.

Fatalnym błędem było to, że w jednym mieszkaniu mieściły się dwa lokale konspiracyjne, czyli nasz komis i ludowcy. Ale we wczesnym okresie okupacji zrobiono to bezmyślnie.

To jedyny taki wspólny lokal, jaki znałam.

Lokali, w których łączniczki siedziały same, było tyle, że nie mogłabym zliczyć. Zmieniałyśmy mieszkania, bo albo właściciele rezygnowali z wynajmowania, albo po prostu trzeba było zmienić, bo nie można było za długo siedzieć w jednym miejscu.

W naszym komisie na Mokotowskiej był lokal zbiorczy, tam miałyśmy odprawy i tam spotykałyśmy się w większym gronie z Marią Strońską.

Jednak długo nie wiedziałyśmy, że w tym mieszkaniu jest też drugi punkt konspiracyjny. Mówili, że stołówka. Tam rzeczywiście gotowali obiady, chyba na wynos. Było pięć pokoi, ale my nigdy nie byłyśmy w pokojach ludowców, właściwie się nie znaliśmy, nie widziałyśmy ich urządzeń, nie byłam ani razu na końcu przedpokoju. Ludowcy pewnie też o nas nie wiedzieli, no, był komis, fortepian, koleżanka czasem grała.

Ale nie powiedziałam panu jeszcze, że podczas naszego aresztowania do ludowców przyszła sąsiadka pożyczyć brytfankę. Akurat w tym momencie – pechowo. Proszę sobie wyobrazić, że kobiecinę – już dla nas wtedy starszą panią – i jej dorosłą córkę, która była w domu, też Niemcy zgarnęli. Bogu ducha winne kobiety, które nic nie miały wspólnego z tą całą aferą. My potem je nazywałyśmy „Brytfanki" (śmiech). I przesiedziały z nami do końca wojny.

W obozie w Ravensbrück?

Tak! Za brytfankę.

Ale wy – cztery z komisu – miałyście szczęście, że nie dostałyście wyroków śmierci za wspólny lokal z ludowcami?

No pewnie. Bo to był cud. Do dziś się nie dowiedziałam, czy była w naszej sprawie interwencja u Niemców. I już nie będę wiedziała, bo osoby, które mogły interweniować, dawno nie żyją.

Podejrzewam, że w naszej sprawie mógł interweniować mój wuj Janusz Kirchmayer, brat generała Jerzego Kirchmayera, a mąż mojej ciotki Wandy. Bogaty człowiek, on przed wojną robił z Niemcami biznesy, handlował obrazami i antykami i podejrzewam, że podczas wojny dalej się tym zajmował i znał parę właściwych osób.

Mieszkał z ciotką w pięknym mieszkaniu z antykami na Szpitalnej, nad sklepem Wedla. Gdy zaczęła się wojna, ciotka zapraszała mnie raz w tygodniu na obiady. Nie miałam rodziców, więc to było po to, żeby mnie przytulić.

Wuj był chytry, łasy na pieniądze i przywiązany do tych swoich antyków. I gdy w czasie powstania ich dom się spalił, a on wszystko stracił, to dostał regularnego bzika. Siedział w szpitalu psychiatrycznym w Tworkach. Po wojnie ciotka miała z nim kłopoty, ale dosyć prędko umarł. Bez mebli (śmiech).

Więc Niemcy przez godzinę przeszukują wasze lokale na Mokotowskiej i...?

Potem nas zabrali, na dole stały cytryny.

Cytryny?

Citroeny (śmiech). Małe czarne samochodziki. Ja z Joasią Penson i dwóch esesmanów jechaliśmy jednym, a drugim – koleżanki. Osobno jechały kobiety od ludowców.

W którym momencie poznałyście się z nimi?

Na Serbii – damskim więzieniu na Pawiaku (śmiech). Na szczęście zamknęli nas razem z obiema paniami od ludowców: z ich szefową Stefanią Jachimowicz i z Janiną Borkowską. Zaczęłyśmy gorączkowo omawiać, co mówić na przesłuchaniach.

Stefania Jachimowicz, lata trzydzieste

Ale ich szefowa od razu powiedziała: „Mówcie, co chcecie, bo z nami koniec". Dlatego, że u nich Niemcy znaleźli wszystko w robocie: pisali i drukowali materiały, i mieli broń. I ich szefowa powiedziała nam, że na nich był donos.

A u was Niemcy znaleźli tę instrukcję do wyrobu dowodów osobistych?

Znaleźli, ale to leżało luzem, więc nie było wiadomo czyje. Znaleźli też inne pisma, ale na przesłuchaniach w Gestapo na Szucha mówiłyśmy: „W tym mieszkaniu drzwi między pokojami są pootwierane, tamci byli obok, ale my nic nie wiemy, bo nas to nie interesowało". Człowiek robił z siebie głupiego i jakoś to przeszło. Najlepszy dowód, że wszyscy z grupy ludowców – bo mężczyźni pojechali do Oświęcimia, a kobiety z nami do Ravensbrück – zginęli, a my przeżyłyśmy.

Janina Borkowska, lata trzydzieste

Stefanię Jachimowicz i Janinę Borkowską Niemcy rozstrzelali w Ravensbrück 25 września 1942 roku. To zdjęcie pani Stefanii, które znalazłam u nas w Klubie Kobiet Ravensbrück.

Nie dostałyście wyroków śmierci, ale was aresztowali?

Na przesłuchaniach w Gestapo mówiłyśmy, że byłyśmy u koleżanki i uczyłyśmy się grać na pianinie, a nasza bliska znajoma udzieliła nam tego lokalu na lekcje i jednocześnie ma komis.

Czyli ustaliłyście tę wersję?

Tak, dzięki temu, że miałyśmy szczęście i zawieźli nas razem do więzienia na Pawiaku, a nie od razu na Szucha. Bo na Szucha każdy siedział oddzielnie i nie było możliwości kontaktu.

A ugrupowanie ludowców jak się nazywało?

Nie wiem, tego też nie wiem (śmiech).

Mimo że byliście w jednym lokalu?! Rzeczywiście niezła konspiracja.

Tak, tak, nikt się nie chwalił. I nikt się nie pytał. Poza Niemcami oczywiście.

I poza mną.

Naprawdę, nie było zwyczaju, żeby od kogoś wyciągać informacje. Im mniej się wiedziało o sprawach niebezpiecznych, tym lepiej. Nawet w sytuacjach towarzyskich trzeba było unikać takich zwierzeń, ktoś mógł powiedzieć coś niewinnie, a nigdy nie było wiadomo, kiedy mogła nastąpić sytuacja, w której człowiek będzie zmuszany do niechcianych wyjaśnień. Wtedy jeśli wie, to już jest gorsza sprawa.

Ale jeździła pani na Szucha?

Byłam dwa razy.

Bili panią?

Nie, Joannę esesman trzepnął ze dwa razy. Mnie rąbnął tylko przy aresztowaniu w komisie, bo mało wtedy nie oszalał ze złości. Przyłożył mi po głowie nieźle, ale ja kompletnie nie zareagowałam. Człowiek w takiej sytuacji robi się zesztywniały – nie reaguje żywo. A na pewno się nad sobą nie rozczula.

Z lęku?

Nie, wewnętrznie się spięłam, miałam psychiczny opór, nie wpadłam w histerię.

Mnie esesmani na Szucha nie dręczyli, nie, nie, nie. Wiedziałam, że wyglądam młodo i że mogę udawać naiwną. Miałam dziewiętnaście lat, ale nie wyglądałam na maturzystkę, tylko na parę lat mniej, jak dziecko. Zgrywałam idiotkę, co to nic nie wie, nic nie rozumie, i chyba mi się udało (śmiech). W takiej formie przetrwałam do końca pobytu na Pawiaku. Zawsze można udawać głupiego, opowiadać przekonująco. Pokazali mi jakąś listę, zobaczyłam trzy znajome nazwiska z konspiracji. Powiedziałam, że nikogo nie znam. Po czym dałam znać przez dozorczynię na Pawiaku, Polkę, że te nazwiska są w papierach Gestapo. Bo na Pawiaku miałyśmy kontakt ze światem przez polskie dozorczynie, wspaniałe kobiety, prawie wszystkie skończyły w Ravensbrück. Bo je złapali, zorientowali się, że donoszą coś więźniom, że mają kontakty nielegalne. A one listy nosiły, jedzenie nosiły. I w końcu wpadały. Jedna, Stasiunia Pawlak, bardzo sympatyczna, długo siedziała w obozie. Ona i inne na Pawiaku od razu do nas przychodziły, brały listy, w których pisałyśmy o przesłuchaniach, kontaktowały się z naszymi rodzinami. Czasem na nas wrzeszczały, bo musiały zachowywać się srogo. Ale to były świetne dziewczyny.

Przeżyły?

Tak, one przeżyły, tylko siedziały w obozie parę lat. Ale zrobiły dla nas wiele dobrego, ułatwiły nam życie. Bo oficjalny list był raz na miesiąc: „Jestem zdrowa i czuję się dobrze" – tak trzeba było pisać po niemiecku.

Przychodziły też do nas Polki – społeczniczki, mogły z nami rozmawiać, ewentualnie coś przekazać rodzinie, ale bez listów.

Można im było zaufać?

Tak, były znane w Warszawie, jedna przyjaźniła się z moją kuzynką. Rozmowy z nimi wzmacniały nas psychicznie, czuło się bliższy kontakt z domem.

Na Pawiaku Polki miały pomysły i Niemcom można było zakręcić w głowie. Na przykład wmówić, że tej młodzieży trzeba pomóc, że powinna się uczyć. No to przychodziła taka jedna, co to niby uczyła nas języka niemieckiego, i przychodziła pani od gimnastyki.

Na Pawiaku wymieniałyście się z innymi więźniarkami informacjami, za co siedzicie?

Nie, nikt się nie spowiadał, nie opowiadał głośno szczegółów. Niebezpiecznie. Ogólnie się mówiło. Nigdy nie było wiadomo, z kim ma się do czynienia.

Czyli cały czas działały zasady konspiracji?

No oczywiście. Nawet nie wiem, co robiły koleżanki, które mieszkały blisko mnie w obozie.

Do dzisiaj?

Do dzisiaj. Bo już poumierały. Nie wiem też, z kim kontaktowała się Ola Steuer, u której mieszkałam po wojnie w Krakowie. Raz przyjechał do niej jakiś pan z okresu okupacji, ale ona mi nic nie powiedziała. Nie chciała mnie narażać. Bała się, że znowu w coś się wplączę. I do końca nie wiedziałam, kto to był.

Zresztą, im więcej ktoś donosi, tym lepiej się ukrywa. Więc gdy kobieta śpi obok mnie w baraku, a nie znałam jej przedtem, to jak ja jej mogę mówić cokolwiek? Była zasada, że nie opowiada się o żadnych szczegółach. Wszędzie byli donosiciele. I mnie to trochę zostało. Wie pan, gdy jest jakaś rzecz, co nie chciałabym, żeby wyszła, to nikomu nie powiem.

Dlatego powiedziałem, że o konspiracji opowiada pani innym językiem niż o pozostałych sprawach.

(Śmiech). Jednak? To dobra uwaga.

Tak, mówi pani ogólnikowo, bez szczegółów.

Bo człowiek miał już taki nawyk. W tym lesie, za Bielanami, gdzie chodziliśmy z Adamem jako para pod rączkę obserwować wojsko niemieckie, Adam miał swoją kryjówkę. Chociaż byliśmy razem, to nie, zostawił mnie i sam do niej poszedł na chwilę. I do dzisiaj nie wiem, co on w niej miał.

Na Pawiaku przesiedziała pani pół roku.

Poza wyjazdami na przesłuchania na Szucha, bo wtedy były nerwy, nie wiedziałyśmy, co nas czeka. Jedno przesłuchanie było bardziej ostre, drugie mniej, ale esesmani nie dowiedzieli się od nas niczego ciekawego (śmiech).

Inne kobiety czasem wracały mocno pobite po ostrych przesłuchaniach z wymuszaniem. Z nas nie było co wymuszać, bo Niemcy u ludowców wiedzieli, co znaleźli. A my byłyśmy takie sieroty, no faktycznie – było pianino i Janka grała, gdy Niemcy weszli, faktycznie był komis w części dużego mieszkania wynajętego na taki użytek, i koniec. Nie było punktu, żeby się do nas przyczepić, nikogo ekstra nie złapali, nikt nic nie wiedział na nasz temat.

Najgorzej było na Pawiaku na przejściówce, bo pierwsze tygodnie to była kwarantanna – siedemnaście osób w celi, wąskiej rurze, gdzie normalnie siedziały trzy osoby. Nawet wszystkie nie mogłyśmy usiąść naraz, tylko na zmianę.

A reszta stała?

No a co miała robić? (Śmiech). Albo siedziałyśmy w kucki. A spanie było beznadziejne, bo było potwornie ciasno i nie mogłyśmy się upchnąć.

I nie wywoływało to agresji?

Nie, w ogóle nie było agresji. Strachu trochę było, ale raczej chęci, żeby się podtrzymać na duchu. Rozmawiałyśmy o byle czym, śpiewałyśmy.

Wypuszczali was?

Do ubikacji.

I tyle?

Tyle. Jak kwarantanna, to kwarantanna. Dopiero potem były spacery, codziennie dwadzieścia minut chodziłyśmy w kółko. Jak nas, małoletnie, przenieśli do dużej sali z dużymi oknami – zakratowanymi, no ale zawsze były to dwa czy trzy normalne okna – to było inne życie. Prawie nam nie zamykali drzwi na klucz. I latałam po całym więzieniu (śmiech).

A co się stało z waszą szefową z konspiracji Marią Strońską?

Ona wpadła dwa lata po nas w podróży służbowej do Wilna. Niemcy nie zorientowali się, kim była naprawdę, i siedziała w Oświęcimiu jako osoba niezidentyfikowana, jako Maria Sadowska. Umarła tam na ciężki tyfus.

Maria Strońska niepotrzebnie wciągnęła do konspiracji swoją córkę Hankę, która była od nas młodsza, miała piętnaście lat. Wiele osób mówiło jej, żeby gdzieś Hankę schowała, ale wiara matki w córkę wzięła górę. Maria Strońska nie była ostrożna i za dużo jej mówiła, Hanka za dużo wiedziała, znała wiele osób. Hanka przeżyła, po wojnie została pielęgniarką, wyszła za mąż, ale przez wielu ludzi z konspiracji była posądzana o to, że przez swoją gadatliwość naraziła matkę na śmierć. Hanka była mało poważna i nie nadawała się do konspiracji. My mówiłyśmy, że jest zwariowana i traktuje konspirację jak zabawę. Była nieodpowiedzialna, lekkomyślna, narwana, nie ze złośliwości, tylko z natury. Raz zaginęła, po paru dniach się pokazała i powiedziała, że zamknęło ją Gestapo, ale że ją wypuścili. Podejrzewałyśmy, że konfabuluje, że pewnie była gdzieś z chłopakiem. Opowiadała dziwne rzeczy, miałyśmy wątpliwości, czy w tym jest odrobina prawdy. Nie wierzyłyśmy jej.

W latach siedemdziesiątych dostałam list od Bernarda Zakrzewskiego, prawnika, którego do konspiracji też wciągnęła Maria Strońska, miał pseudonim „Oskar". On lubił Hankę, pisał, że nie była winna śmierci matki, i pytał, czybym nie wystąpiła w jej obronie, bo jest na nią nagonka. Nie odpisałam mu. Byłam na Hankę cięta, bo uważałam, że jej zachowanie mogło się przyczynić do aresztowania matki.

Wie pan, kiedy jeszcze była wódka w moim życiu konspiracyjnym? Na Pawiaku. Byłyśmy zaprzyjaźnione z dziewczynami ze szpitalika, studentkami, i Marysia Kopeć dała nam w menzurce spirytus, który miały do badań laboratoryjnych. A ponieważ dostawałyśmy paczki, to zrobiłyśmy kolację i wypiłyśmy tę wódkę, bo do spirytusu dolałyśmy wody. Popiłyśmy sobie i śpiewałyśmy (śmiech). Pamiętam to moje picie, bo nie byłam przyzwyczajona do alkoholu. Ale się człowiek hartował.

Te studentki ze szpitala więziennego były więźniarkami?

Tak, w szpitalu na Pawiaku były same więźniarki i więźniowie, lekarze i studenci. Marysia była po dwóch czy trzech latach medycyny. Oni odegrali bardzo dużą rolę, ratowali ludzi po pobiciach.

Pamiętam, gdy w lecie 1941 roku wybuchła wojna rosyjsko-niemiecka, był nalot, to myśmy szalały z radości, że coś się dzieje, i rozmyślałyśmy, co z tego wyniknie (śmiech). To byli nasi dwaj wrogowie, jeden drugiego zaczynał niszczyć, więc to dawało nadzieję na zmianę losów wojny i naszych losów.

Aż nagle 23 września 1941 roku skoro świt nas zbudzili i wyjechałyśmy w tym, co miałyśmy na sobie.

Przez pół roku na Pawiaku nosiła pani to jedno ubranie, w którym panią aresztowali?

Tak. Niemcy zabrali nas do ciężarówek i wywieźli na Dworzec Gdański. Pociąg stał na bocznicy. Do naszej grupy z Warszawy dołączyły kobiety z więzienia na zamku w Lublinie, było nas kilkaset. Jechałyśmy wagonami osobowymi – bo byłyśmy pierwsze. Potem to już wywozili bydlęcymi. Nie wiedziałyśmy, gdzie jedziemy, ale jak zobaczyłyśmy granicę niemiecką, to byłyśmy zadowolone, bo wolałyśmy tam niż do Auschwitz.

Już wtedy wiedziałyście, w którym obozie jest lepiej?

Bo już była fama, że obóz w Oświęcimiu jest gorzej zorganizowany, że są gorsze warunki, że jest ciężej, a Ravensbrück był obozem szykowanym dla Niemek, więc tam musiało być lepiej.

W pociągu całą noc śpiewałyśmy. Młodość jest niesamowita...!

Rano na dworcu w Ravensbrück miny nam zrzedły i zrobiło się nieprzyjemnie, bo przywitali nas esesmani i dozorczynie z psami. Po wojnie długi czas bałam się psów. To były wilczury, te psy chciały rzucać się na nas, na szczęście były uwiązane, ale w każdej chwili esesmanka mogła któregoś puścić. Pieszo przeszłyśmy do obozu, bo było niedaleko.

W obozie rozebrali nas do naga i pod prysznice. Ale włosów nam nie ostrzygli, to był duży plus. Potem same sobie strzygłyśmy. Innym strzygli, ale tam, gdzie pracowałam, raczej wszystkie miały włosy.

Dostałyśmy urzędowe ubranie – pasiaki: sukienkę i kurtkę na zimę, ale cienką. Jasnogranatową sukienkę na lato. Białą chustkę na głowę. Na nogi – drewniaki. Z bielizny niewiele, ale coś było.

A w jakim ubraniu przyjechała pani z Warszawy?

Miałam stary płaszcz zimowy i ładny złoty sweterek. Cały czas myślałam: „Boże, jak to dobrze, że mam ten stary płaszcz". Bo nowy wisiał w szafie w Warszawie i czekał na mnie. Wie pan, człowiek wtedy myśli o głupotach. Gdy dzieje się coś takiego, człowiek zaczyna myśleć o drobiazgach nieważnych.

A może jednak te drobiazgi są ważne?

Myślę, że w rezultacie tak. Bo chodzi o to, że coś tam jest moje, że coś jeszcze mam, choć już niewiele.

Nowy płaszcz, który został w Warszawie, był nadzieją?

Tak. I rząd butów. O tym cały czas myślałam.

Po przebraniu w pasiaki od razu dostała pani numer?

Tak.

Pamięta pani?

Mam go, proszę zobaczyć, odpruty i niewyprany za specjalnie.

Tak na trzeźwo myślała pani, żeby go zabrać?

Tak, na pamiątkę.

7805.

Niski numer, ostatnie to były sto kilkadziesiąt tysięcy.

A ten czerwony trójkąt z literą „P"?

Polska, Polka, a kolor czerwony, że polityczna. Trójkąty zielone to były kobiety kryminalne – Niemki, w gwarze obozowej mówiło się na nie „zielone łaty". Fioletowe – Badaczki Pisma Świętego, czyli Świadkowie Jehowy. Czarne – to Cyganki i tak zwane asocjalne: kobiety z półświatka, prostytutki, złodziejki.

Gdzie miała pani ten numer i trójkąt?

Przyszyty na piersi na kurtce lub na sukience w lecie.

Nasz transport dostał się na dwa bloki: 13 i 15. My z Warszawy trafiłyśmy na trzynastkę, która była korzystniejsza, bo blokowa i sztubowa – pomocnica blokowej – to były Polki z Pomorza. Nasza blokowa Eliza Cetkowska to była superbabka, świetnie mówiła po niemiecku i dawała sobie radę z Niemcami. Ale nie wszystkie więźniarki ją lubiły. Była w średnim wieku, potężna, rubaszna, ostra, miała donośny głos i nie

7805

P

przemawiała słodziutko, bo nie miała tego w zwyczaju. I niektóre paniusie z tego powodu były urażone. Nie rozumiały sytuacji – że ona musi być taka, że to je chroni, bo gdyby się rozczulała, to by rzucało się w oczy. I narzekały na nią, że pyskuje i krzyczy. A Cetkowska była odważna i chroniła więźniarki, swoją postawą wspomagała nas, dodawała siły.

To był blok przejściowy – kwarantanna. Bo Niemcy boją się chorób, to jedyna rzecz, która może ich naprawdę przestraszyć (śmiech). W bloku siedziałyśmy sześć tygodni i wypuszczali nas tylko na apel.

Początkowo warunki jak na obóz były luksusowe. Miałyśmy pościel: prześcieradła, koce, poszwy, poduszeczki, każda miała sztućce, miski nie z metalu, a z tworzywa.

Rozmawiałyśmy, opowiadałyśmy historie ze swojego życia, gimnastykowałyśmy się. Ale cały ten terror polegał na tym, że Niemcy od początku nie dawali nam żyć – był reżim, każda musiała mieć łóżko i siennik zaścielone równiuteńko. Dozorczynie bez przerwy stały nad nami i rozrzucały tę pościel, żeby pięć razy dziennie ścielić, bo miało być ułożone w kostkę, jak w wojsku. Szafki musiały być śnieżnobiałe, dwa razy dziennie szorowane, podłoga szorowana. Złośliwie dawały nam te zajęcia, bo już nic brudnego nie było, ale jeszcze raz, od nowa i od nowa, i tak w kółko, od świtu do nocy, i tłukły po głowie. A ponieważ dozorczynie się nudziły, to ciągle przychodziły i coś wyszukiwały. Po prostu dręczyły.

Albo trzeba było stać na apelu.

I co się działo?

Liczyli nas w kółko, bo jeśli cokolwiek w obozie się nie zgadzało – w całym obozie, nie w bloku! – to wszyscy stali dobre parę godzin.

Apele to była święta rzecz. Były trzy: rano, w południe i wieczorem i zawsze trzeba było stać.

Po kwarantannie, gdy już mogłyśmy wychodzić z bloku, ważne było, żeby znaleźć pracę, która za bardzo nie męczyła.

Bo najgorzej traktowane były więźniarki, które dopiero przyjechały do obozu i nie miały stałych miejsc pracy. Na apelach rano i w południe były łapanki do pracy i gdy w danej kolumnie brakowało kobiet, to Niemcy zgarniali na dzień, dwa. Pierwsze miesiące to był najgorszy okres, bo dostawałyśmy najcięższe prace dorywcze: przy budowie, przy drogach. I najbrudniejsze – ciężko pracowałyśmy przy wyrzucaniu śmieci, czyszczeniu kanalizacji, wywożeniu szamba.

Praca bywała beznadziejna, niekonstruktywna, bez sensu. Przesypywałyśmy piasek z jednego miejsca na drugie. Po prostu chcieli nas czymś zająć. A taka praca bez celu jest fatalna.

A najbardziej nieprzyjemna praca?

Na początku wyładowywałam cegły ze stateczku, gołymi rękami, bez żadnych rękawic czy szmat, i to pamiętam świetnie, bo wiele razy miałam te ręce pokaleczone. Koło obozu było jezioro i budowali tam wille dla esesmanów. Stałyśmy więc w rzędzie i godzinami przerzucałyśmy te cegły.

W pierwszym roku parę razy wieźli nas ciężarówkami do Fürstenbergu do pracy w polu u rolników, do pielenia, okopywania kartofli. Były kobiety, które to uwielbiały i uważały, że to wspaniała praca, bo do obozu przyniesie się brukwi i marchwi, no, miały rację, ale ja tego nie znosiłam.

Jak zachowywali się wobec was ci niemieccy rolnicy?

Rolnicy nie mieli do nas dostępu, nie przychodzili na pole i nigdy z nimi nie rozmawiałyśmy. Nas pilnowały dozorczynie.

Potem, nie pamiętam przy czyjej pomocy, na trzy miesiące dostałam się do hodowli królików rasy angora.

Jakiego koloru były te króliki?

Białe. Piękne. Niemcy je strzygli i sprzedawali futro. Esesman Friedrich Opitz miał własną hodowlę. Pamiętam, jak chodził i obserwował pracę więźniarek, i te jego szklane, wodniste oczy…

Pracowały tam Badaczki Pisma Świętego i ja.

Co pani robiła?

Czesałam króliki. Szorowałam klatki. Karmiłam. A króliki były ciepłe. Trzymałam je i mnie grzały. Potem z mężczyznami z małego obozu jeździłyśmy ciężarówką do lasu po zieleninę. Kosili trawę, schła, a my jadłyśmy jagody. Cudownie było, zapach skoszonej trawy do dzisiaj mi to przypomina. Wieczorem wracaliśmy, w obozie był głód, a króliki miały dobre kartofle, gotowane z ziarnami, a nie zgniłe, tak jak my.

Można było pojeść z królikami?

Troszkę pojadłam (śmiech). Ale ich nie głodziłam, broń Boże, miały dużo jedzenia. Od tamtej pory nie zjem królika. To dla mnie osoba święta. Te kochane stworzenia dały mi w obozie tyle subtelnych przeżyć.

Praca przy królikach to był straszny fuks. W normalnych warunkach człowiek by powiedział: „Zwykła praca, trzeba było wyczyścić klatki". A dla mnie to był raj. Cud.

Ale przyszły Badaczki Pisma Świętego i musiałam odejść, bo to był ich azyl. One dostawały najlepsze prace. Sprzątały domy esesmanów i dozorczyń, bo wiadomo było, że nie uciekną. Miały swoje święte przepisy – zasady religijne. I miały sporo wolności, bez ochrony chodziły do tych domów sprzątać, nikt ich nie pilnował i żadnej nie przyszło do głowy, żeby uciec. To były Niemki przeciwne wojnie i Hitlerowi. Podkreślały, że sprzeciwiają się wszystkiemu, co się dzieje. Nie uznawały władzy cywilnej, ludzkiej i buntowały się, że na rozkaz trzeba wyjść i stać na apelu. Pamiętam, kiedyś ktoś zaginął, Niemcy nie mogli się doliczyć, a one za nic nie chciały wyjść na apel. Ciągnęli je za włosy, więc kładły się na ziemi. Mróz, śnieg, a one leżały. Polewali je wodą, nie dawali im jeść i to znosiły. Ale mimo wszystko były uprzywilejowane, na specjalnych prawach, lepiej traktowane, miały swobodę, spokój, bo Niemcy wiedzieli, że dobrze pracują i nie uciekną.

Wspomniała pani o braku szacunku.

W obozie?

Tak.

Nie było szacunku dla nikogo. Na początku, gdy była kwarantanna i nigdzie nie wychodziłyśmy, to była udręka, dozorczynie biły i były awantury. Wszystko zależało od tego, na jaką dozorczynię się trafiło. Jeśli dziewczyna przypadkowo dostała się do pracy w obozie i nie zdawała sobie sprawy, co będzie dalej, to rzadko się z nami kontaktowała – udawała, że nas nie widzi, albo wychodziła na dwór, dawała nam luzy. Ale były wariatki, na przykład Dorothea Binz – gdy miała zły humor i wpadła w furię, to latała po bloku, wrzeszczała i biła. Ale to były pojedyncze osoby. A zdolne blokowe, które znały niemiecki, potrafiły manipulować. Wpływały na dozorczynie, czymś je przekupywały, chociaż nie wiem jak i czym. Nasza blokowa potrafiła bronić. Potem, gdy było dużo blokowych Polek, to warunki stały się dużo lepsze. Im więcej Polek miało coś do gadania, tym nam było łatwiej. Dzięki nim dużo osób uchroniło i życie, i zdrowie, bo one kombinowały i miały wpływy na górze. Ale to było w latach 1941–1943, kiedy główną dozorczynią obozu była Johanna Langefeld, bo ona wszędzie na te stanowiska pchała Polki. I na wielu blokach Polki do końca już zostały blokowymi i sztubowymi. Do dzisiaj nie wiemy, nikt nie wie, dlaczego Langefeld tak preferowała Polki, to zostało tajemnicą.

Wiem, że po wojnie cierpiała, że nie dostała żadnej kary. Powiedziała, że powinna była iść na dwa lata do więzienia, wydawało jej się, że lepiej by się wtedy czuła, mimo że zachowywała się niezwykle przyzwoicie w stosunku do Polek.

Komu to powiedziała?

Grecie Buber – czyli Margarete Buber-Neumann – która w obozie była jej sekretarką i napisała o niej w swoich wspomnieniach: *Die erloschene Flamme. Schicksale meiner Zeit* („Gaśnie płomień. Losy mojego czasu"). Napisała, że Langefeld była człowiekiem przegranym, bo miała poczucie, że funkcja, którą pełniła, była fatalna.

Ale zdecydowała się na pracę w obozie.

Ona była tam jeszcze przed wojną, gdy to nie był obóz, tylko ośrodek poprawczy dla trudnych dziewcząt niemieckich. Pracowała jako wychowawczyni i wybuchła wojna.

Ale po wojnie uciekła z więzienia Montelupich w Krakowie.

Tak, miała proces i polskie więźniarki jej broniły, a personel więzienia pomógł, tak że wyszła na przepustkę – bo wychodziła sprzątać mieszkania i nikt jej nie pilnował – i nie wróciła. Dziewczyny ukrywały ją w Krakowie. Krótko była w jednym klasztorze, po czym w nocy przetransportowali ją do drugiego. Później dwa lata ukrywała się w jakiejś małej miejscowości. A potem mieszkała u pewnej nauczycielki, gdzieś na Dolnym Śląsku. W tym czasie udało jej się nawiązać listowne kontakty z synem i z siostrą w Niemczech. Jej pobyt w Polsce trwał dwanaście lat. Dopiero w 1958 roku, za rządów Władysława Gomułki, gdy poprawiły się stosunki polityczne, udało się przeszmuglować ją do Niemiec. Ale Langefeld była wspaniała i zasługiwała na pomoc.

Wszystkie nasze panie, które znały język niemiecki, pełniły jakieś funkcje. Wiele Polek było kierowniczkami kolumn roboczych. Niemcy bali się zakażenia, więc bali się osób brudnych. A Polki zawsze wyglądały przyzwoicie, uważam, że jak na warunki obozowe były schludne i czyste. Nawet w tak trudnych warunkach polską kolumnę idącą do pracy zawsze można było poznać po wyglądzie. Byłyśmy najpiękniejszymi dziewczynami w obozie.

Czyli kobiety w Ravensbrück próbowały zachować kobiecość?

Oczywiście! Przede wszystkim myły się – w lodowatej wodzie. Prały ciuchy, spały na upranych chustkach, żeby wyglądały jak uprasowane. W blokach były brodziki i można było kucnąć, i myśmy się nie przejmowały, że zimna woda, bo trzeba się umyć, i myłyśmy się mydłem z piasku. Drugie dosyć czyste były Rosjanki, tylko mniej eleganckie. A były osobniczki, które za Boga nie weszły pod zimną wodę. Francuzki, to było nieszczęście chodzące. Co? Zimna woda? Wzięły szmateczkę i poobcierały twarz, a brud im spływał po szyi.

Nie przełamały się?

Nie, one nigdy, one były brudasy generalnie (śmiech). W obozie siedział cały kwiat francuskiej arystokracji i dla nich to nie były komfortowe warunki do mycia. Francuzki umiały żyć w luksusie. A to, żeby być czystym i dobrze wyglądać w obozie, było okupione trudem. Więc lepiej było być brudasem. Tak były przyzwyczajone do dobrych warunków, że nie mogły nagiąć się do tego, co było w obozie. A nie miały miłości do higieny.

Lepszy wygląd pomagał?

Tak, to wzbudzało trochę szacunku. Kobiety starały się poprawić, rozcierały sobie policzki, żeby nie wyglądać blado. Pamiętam, że ja zawsze dbałam o wygląd.

Były osoby, które zupełnie o tym nie myślały, ale to już był sygnał niepokojący, zwłaszcza jak wcześniej dbały, a potem przestały. Przede wszystkim przestawały się myć. Psychicznie nie wytrzymywały sytuacji. Siedziały zagłodzone i obdarte i już wiedziałam, że przenoszą się na tamten świat. A takie obdartusy, brudasy to tylko bić, więc od razu ręka Niemców swędziała, żeby przyłożyć.

W esesmanach budziła się pogarda?

Tak, tak – powiedziałabym: z przyczyn wzrokowych.

Pani dostawała po głowie?

Raz wpadłam na esesmana, odwinął się i uderzył mnie w twarz. I drugi raz od dozorczyni – w zamieszaniu przy formowaniu kolumn przed apelem. Może za głośno mówiłam, wlazłam jej pod nogi. Ale to przypadkowo. Poza tym nie dostałam nigdy, może miałam więcej szczęścia. Bo najczęściej dostawały takie kobiety ofiary. Samą swoją postacią prowokowały.

Co pani robiła, że nie dostawała?

No, ja nie pokazywałam, że jestem nieszczęśliwa ani że umieram.

A co pani pokazywała?

Uśmiechałam się na przykład. Trzeba mieć postawę, wygląd, dobrą minę do złej gry, wtedy w Niemcach wzbudzało to jakiś szacunek.

Za co były kary?

Jeżeli więźniarka popełniła przestępstwo, czyli spóźniła się albo nie przyszła do pracy, zamykali ją do bunkra. Obozowego więzienia, gdzie ją bili. Potrafili porządnie pobić.

Francuzki na przykład nie przychodziły punktualnie na apel czy do pracy, choć wiedziały, że potem cały blok dostanie karę. Tam siedziały arystokratki i owe damy uważały, że to nie do nich mowa. Uważały się za lepsze, uważały, że ich to nie dotyczy, że siedzą w obozie niesprawiedliwie. Prawdopodobnie nie lubiły się kogokolwiek słuchać, nie miały wyczucia, że koleżanki cierpią, gdy kilka godzin stoją na apelu. Były aspołeczne.

Do tego Niemcy też sztucznie stwarzali konflikty między więźniarkami. Gdy któraś migała się od pracy, przyprowadzali ją do bloku i pozostałym mówili: „To przez nią". Cały blok karali staniem, brakiem jedzenia. Tworzyli zbiorową odpowiedzialność. I inne więźniarki odgrywały się na tej, co zawiniła, biły ją.

A gdy dozorczynie widziały taką ofiarę stękającą, nie daj Boże płaczącą, to najbardziej je prowokowało. Gdy taka znalazła się blisko esesmana czy dozorczyni, od razu dostawała w łeb.

Wracając do Polek i ich czystości, to Niemcy bali się tyfusu, w ogóle chorób zakaźnych. Poza tym okropnie bali się chorób wenerycznych, więc nie zatrudniali innych więźniarek i pod tym względem Polki miały w obozie lepsze życie i lepsze posady. W kuchni kto pracował? Polki. W magazynach? Polki. W kantynie? Tylko Polki. Bo były najczystsze. Polki były nawet wzorem elegancji, bo i tak można powiedzieć. Wszędzie pracowały Polki, bo były zdrowe.

Dlaczego Polki były zdrowe?

Jakoś naturalnie były zdrowsze, badane, kontrolowały się przed wojną. I nie szlajały się za dużo po kątach (śmiech). Przecież były katoliczkami. A wśród Niemek i Cyganek więcej było chorób wenerycznych. Badali je i było wiadomo. A Niemcy zwracali na to uwagę, bo gdy któraś miała pracować w kuchni, to dokładnie ją sprawdzali.

Ale kobiety innych nacji chyba też były zdrowe?

Ale Niemcy jednak woleli Polki.

Cyganki też wyglądały ładnie, były czyste, bo przyzwyczajone w życiu do różnych warunków, do tego, że myły się w polu, i dla nich nie było niczym trudnym umyć się w zimnej wodzie.

Niemki wyglądały schludnie, ale one miały po prostu lepsze warunki. Ich bloki były lepsze niż nasze, były lepiej ubrane, bo dostawały z magazynów lepsze ubrania. Niemka to Niemka. Były w swoim kraju, a w magazynach pracowały Niemki. Te Niemki siedziały od przed wojny, więc miały lepsze posady: w szpitalu, w administracji albo siedziały w blokach i robiły na drutach. A później zostawały kierowniczkami najlepszych działów: kuchni, szwalni, pralni.

Norweżki i Holenderki też wyglądały schludnie na tle reszty.

Czeszki wyglądały względnie, dostawały paczki, a w nich oprócz jedzenia mydło, więc było im łatwiej.

Inne były kocmołuchy. Może Francuzki były zdrowe, bo to panie z arystokracji, ale były potworne niechluje. To przecież człowiekowi robi się niedobrze. Kto chce korzystać z usług takich pań?

Wie pan, gdy miało się stałą pracę, to już było nieźle. Poza szwalnią, bo tam były trzy zmiany, praca w nocy, siedziały jedna za drugą i po kawałku następną część szyła kolejna, i trzeba było się spinać. W szwalni pracował esesman, straszny łajdak, i gdy którejś opadła głowa, to po głowie walił krzesłem.

Żeby w obozie dostać lepszą pracę, trzeba było mieć protekcję. A były Polki, które siedziały w obozie od 1939 roku, właścicielki dóbr z Pomorza, zadomowiły się, doskonale mówiły po niemiecku, dogadywały się w różnych sprawach i miały już pewną pozycję. Przekupić można każdego. I posadę można było załatwić. Pod tym względem Polki były świetne, bo solidarne.

Obóz to było duże miasto, olbrzymia społeczność żyjąca razem latami, tworzyły się klany i odgrywały rolę znajomości. Starsze koleżanki opiekowały się młodszymi i gdy gdzieś człowieka ustawiły korzystnie, to trzeba było trzymać się tej pracy. Nie można było sobie zmieniać jak na wolności (śmiech).

Młode dziewczyny miały tak zwane matki obozowe. Przywiązywały się do kogoś bardziej. W bloku widziałam, że starsza pani opiekuje się młodą – opowiadają sobie, szykują kolację, jedzą razem.

Poza swoją mamą mówiła pani do jakiejś kobiety „mamo"?

Tak, do pani Marii Chełmickiej. Jej imię i nazwisko pamiętam i mam nadzieję, że nigdy nie zapomnę. Poznałam panią Marię, gdy jakiś czas mieszkałam w bloku czeskim, a ona tam była sztubową. Rozmawiałyśmy raz, drugi i jakoś się zbliżyłyśmy. Myślę, że to było związane z potrzebą wyładowania uczuciowego. Jeżeli nie ma się rodziny, nikogo bliskiego i spotka się osobę pozytywną i godną zaufania, to pojawia się potrzeba czułości. Przecież człowiek w obozie odczuwał brak bliskości, miłości, przyjaźni. Człowiek był pozbawiony tego lata całe. I te kontakty były związane z potrzebą powiedzenia czegoś miłego, przytulenia, pocałowania.

W obozie byłam cztery lata, a z panią Marią znałyśmy się ze dwa. Zależało, gdzie mieszkałyśmy, bliżej czy dalej. Niemcy mieli system, że nie pozwalali za długo mieszkać w jednym bloku, żebyśmy się nie zaprzyjaźniały i nie miały za dobrych kontaktów z sąsiadkami. Esesmani co jakiś czas wchodzili na blok i w pół godziny trzeba było się wynieść.

Maria Chełmicka, lata trzydzieste

Gdy mieszkałyśmy w jednym bloku, to rano szłyśmy do pracy, wieczorem wracałyśmy i w wolnej chwili rozmawiałyśmy o bieżących sprawach. Wspominało się też dużo. Właśnie wieczorem, ja ciągle widzę, jak idziemy na spacer po ciemku (śmiech). Jeśli była możliwość, bo potem wyła syrena, zaganiali do spania i już nie wolno było wyjść na dwór. A jeżeli nie mieszkałyśmy razem, to spotykałyśmy się w niedziele. Wieczorem każdy dążył do tego, żeby móc z kimś porozmawiać w cztery oczy, bez świadków. Bo większa liczba osób to był jazgot. A chodziło o wymianę myśli, poradzenie się, po prostu rozmowę.

Cały dowcip w stosunkach z ludźmi polega na tym, żeby umieć ich słuchać. To przeważnie wystarczy. W obozie też czasem nie potrzeba było wcale, żeby ktoś dawał radę czy odpowiedział, ważna była świadomość, że ten ktoś wysłuchał i wie, co powiedziałam.

Dlaczego wybrała pani panią Marię Chełmicką?

To tak samo jakby zapytać: dlaczego pan zakochuje się w tej osobie, a nie w tamtej?

Pochodziła z Pomorza z rodziny ziemiańskiej. Miała to nieszczęście, że Niemcy zabrali jej córkę i chcieli ją zniemczyć. Niemcy chcieli wtedy wszystkie tamtejsze dzieci zniemczać. Pomorze włączyli do Rzeszy, uważali, że tam mieszkają sami Niemcy, a my mamy jakieś pretensje do tej ziemi. Po prostu – polityka. Pani Maria okropnie przeżywała, że jakieś zakonnice w Berlinie wynarodawiają jej córkę. Ta córka miała dziesięć lat, była chora na Heinego-Medina, miała krótszą nogę, źle chodziła. Niemcy wezwali panią Marię do Berlina i zażądali, żeby podpisała reichslistę. Niemcy mieli różne priorytety i pomysły – do jednych więźniarek przyjeżdżali i przesłuchiwali je w obozie, inne z obozu wywozili. Zależało im, żeby pani Maria podpisała reichslistę. Zagrozili, że jeżeli nie podpisze, to nigdy nie oddadzą jej córki. A pani Maria powiedziała Niemcom: „Nie", była nastawiona patriotycznie. Wróciła z tego przesłuchania i wyznała mi, co przeżywa – była w ogromnej rozterce jako matka, ale tłumaczyła, że nie mogła tego podpisać, że już trudno, że zdała się na los.

A pani jej decyzję...?

...pochwaliłam. Przecież to świadczy o człowieku. Gdyby podpisała reichslistę, to już figurowałaby jako Niemka. A wiem, jak było z volksdeutschami, bo dużo osób podpisało i ciążyło to nad nimi po wojnie.

Ale skończyło się dobrze, to już był prawie koniec wojny i odzyskała córkę. Spotkałam się z nią po wojnie, mieszkała w Bydgoszczy, i mam zdjęcie z nią i z jej córką. Już dawno obie nie żyją.

Nie wiem, co działo się z jej mężem, ale chyba Niemcy zamordowali go w Oświęcimiu. O jej mężu mało rozmawiałyśmy, zresztą o takich sprawach tam się nie opowiadało. Ona była w obozie z pasierbicą, córką męża, która miała osiemnaście lat i była wredna. Kolegowała się z różnymi Niemkami w taki sposób, że korzystała z ich pomocy, dostawała jedzenie, pracowała w szpitalu jako niby-pielęgniarka i uważała się za wielką damę, że może robić, co chce. Zadzierała nosa i była arogancka, wyniosła i niegrzeczna w stosunku do Polek. Wiedziałyśmy, że trzyma sztamę z Niemkami. I pani Maria właściwie nie miała z nią kontaktu, prawie z nią nie rozmawiała, nie miała do niej zaufania, bo nie było wiadomo, co powie Niemkom.

Pani Maria znała niemiecki, była panią całą gębą, sam jej wygląd i sposób chodzenia wzbudzał szacunek. Do dzisiaj pamiętam jej postawę.

Taka postawa nie wywoływała w Niemcach agresji, że ktoś podkreśla swoją indywidualność i siłę?

A właśnie że nie. Bo to nie była siła, to była godność. Nawet dla tych Niemców to miało znaczenie. Wzbudzało respekt. To są niuanse. Tak to odbierałam, obserwowałam ludzi, bo przecież chciałam być dziennikarką.

Wie pan, te uczucia między kobietami w obozie były spotęgowane brakiem wszystkiego i w tym był też delikatny akcent tłumionej seksualności. To nasilenie przyjaznych uczuć miało też takie podłoże. Zresztą na pewno (śmiech). To tło snuło się za wszystkimi, ja zdawałam sobie z tego sprawę. Ale to jest naturalne, tak ma być, temu nie można się dziwić. Z tym że oczywiście zależy, do jakiej granicy i w jaki sposób to się rozwija. U Polek to były bliższe przyjaźnie. Może granicą była religia, może inne wychowanie, że u nas to było w ukryciu. Dopiero trzeba było się nad tym zastanowić, żeby to odkryć. Gdy człowiek nie myślał, to nie widział.

U Niemek i Cyganek były to już inne kontakty, one zachowywały się naturalniej, powiedziałabym – zgodnie z naturą.

O lesbijkach panu opowiem, bo o tym się nie mówi. Czasem z koleżankami między sobą to wspominamy.

Wszystko zaczynało się od piosenek. Bo one miały swoje piosenki wywoławcze i tymi piosenkami rozpoznawały się, i zachęcały te panie, które miały takie skłonności i ochotę. Początkowo nie wiedziałyśmy, o co chodzi, bo te piosenki śpiewały po niemiecku. Ale pomału człowiek obserwował i zdobywał doświadczenie. Ta główna piosenka, która zachęcała do wspólnych spotkań wiadomych, mówiła, że ona za to przyniesie marmoladę (śmiech). Bo wiadomo, że w obozie bardzo ważne były sprawy żywieniowe i bardzo cenna była marmolada, no bo słodka. Poza tym te panie używały marmolady do uprzyjemniania sobie siebie samych, bo tą marmoladą smarowały się i tak dalej…

W czasie aktów seksualnych?

Tak, więc marmolada była najważniejsza w świecie. A już ktoś, kto posiadał marmoladę, był w cenie niebywałej.

Tekst tej zachęcającej piosenki był mniej więcej taki: „Dobrze, przyjdź, tylko mi przynieś marmoladę…". Albo: „To ja przyniosę marmoladę…". Usiłuję sobie przypomnieć dalszą część tekstu, ale już nie pamiętam, bo dla mnie to nie było akurat tak ważne.

A marmolada była dla pani ważna?

Pewnie, bo to dobre jedzenie. Gdy przyjechałam do obozu, to na początku dawali nam marmoladę w niedzielę na śniadanie, ale szybko się skończyło. Ale te panie, którym zależało na marmoladzie w celach takich czy innych, zdobywały ją przez kuchnię i przez prywatne kontakty.

W niedzielę – dzień wolny od pracy – można było wyjść na spacer po obozie i popatrzeć na te pary. Zwłaszcza w późniejszym okresie pobytu, kiedy nosiłyśmy ubrania cywilne, pseudopanowie byli ubrani inaczej, a panie inaczej. Panie jak dziewczyny, a „panowie" wyszukiwali sobie w magazynach marynarki, krawaty i takie pary chodziły po obozie, i się obściskiwały.

Tam były nieograniczone możliwości ubraniowe, bo Niemcy sprowadzali z różnych obozów stosy ubrań po Żydach. Po naszych więźniarkach, które palili, też zostało bardzo dużo ubrań. I te kobiety, które pracowały w magazynach, miały dostęp do ubrań, wykradały je i na tym zarabiały.

Tak, zwłaszcza w niedziele można było pooglądać różnorodne stroje tych par.

A! Jeszcze były niesamowite sceny zazdrości. No, to były cyrki, gdy taka para spacerowała, a zza węgła wyskakiwał drugi „pan" i się rzucał, wyrywał włosy z głowy, były awantury i autentyczne mordobicia.

Śmiałam się, bo dziewczyny zachowywały się tak, jakby jedne były mężczyznami, a drugie kobietami, dlatego to było dla mnie zabawne.

Dozorczynie interweniowały?

Nie, więźniarki nie robiły tego na widoku, w niedzielę, gdy tłum spacerował, można było kogoś zaciągnąć w kąt i tam mu przylać (śmiech). Te sceny zazdrości widziałam często, to było normalne bicie, normalnie się naparzały.

Te kobiety niesamowicie się przeistaczały. Atmosfera, która tam była, ten zupełny brak mężczyzn – bo nie było żadnego wyboru, trudno mówić o esesmanach, bo oni absolutnie nie wchodzili w grę – tak potrafiła przeobrazić te kobiety... Ja nie przypuszczałam, że w miarę potrzeby i w takiej sytuacji można tak bardzo zmienić się fizycznie, bo jednak w tym wszystkim kolosalne znaczenie mają hormony.

Jak się zmieniały?

W wyglądzie: nabierały męskich ruchów, męskiego mówienia niskim głosem, strzygły się na krótko, po męsku, bardzo upodabniały się do mężczyzn. I to było demonstrowane, nieskrywane.

Jeśli chodzi o Polki, to znałam dwie pary, bo już potem miałam doświadczenie z oglądania tych scen wśród Niemek i Cyganek. One razem przyjechały do obozu, ale nie wiem, czy znały się przedtem. Trzymały się razem i taka była o nich opinia, że są homoseksualne. Ale aż tak się nie afiszowały, starały się to robić dyskretnie. Tylko że Polki to były wyjątki, bo u Polek to były serdeczniejsze przyjaźnie. Polki zawsze były w tych sprawach delikatne i zapóźnione, bym powiedziała dzisiaj (śmiech). Każda panu powie, gdy pan z niej wyciągnie, że Polki nie miały tych tendencji, może niektóre, ale bardzo dyskretnie.

Ale podrywały panią dziewczyny w obozie?

Nie, nie, ja widocznie miałam w sobie coś odpychającego, od razu sztywniałam. Seks w obozie mało mnie interesował, tylko jako ciekawostka, nie miałam żadnych tęsknot, jeszcze byłam po prostu głupia (śmiech).

Proszę pana, mnie się wydaje, że kobieta dojrzała i doświadczona więcej ma tych potrzeb niż ja, która byłam zielona, prawie nic nie wiedziałam, jeśli już, to tylko teoretycznie. Dlatego to było uczucie nieokreślone. Naprawdę nie cierpiałam z tego powodu.

Miałam dużo znajomych. Zaprzyjaźniłam się z Czeszką, lekarką – ale to inny charakter znajomości – miłą, ciepłą, młodą kobietą. Nazywała się Mila Janu. Niemcy wysłali ją do pracy w fabryce, która podlegała obozowi, tam zaraziła się tyfusem i umarła.

Za Czeszkami nie przepadałam, bo to były zażarte komunistki i straszne egoistki. Interesowały się tylko swoją grupką, swoimi sprawami, ideologią. One cały czas dostawały paczki, na okrągło, i nawet między sobą się nie dzieliły, już nie mówiąc, żeby komuś coś zaproponowały czy zrobiły przyjęcie (śmiech). Mowy nie było.

Żadna?

Było parę niekomunistek, z rodzin inteligenckich, i one były zupełnie inne, te zdecydowanie lubiłam. Ania Kvapilová była poetką i rysowała. Urocza kobieta, starsza ode mnie z dziesięć lat, trzymała z Polkami. Komunizm to nie było jej hobby. Gdy kończyła się wojna i zobaczyła, że komuniści zaczynają odgrywać dużą rolę w Czechosłowacji, to tam nie wróciła, wyjechała chyba do Anglii. Druga Czeszka Marzena Švediková, urocza i odważna kobieta, kilka lat była blokową w bloku u kobiet „królików".

Więźniarek poddawanych eksperymentom?

Tak. I – jak to się mówi – własną piersią ich broniła. Potem została uhonorowana przez Polki w ten sposób, że gdy pod koniec wojny były wyjazdy do Szwecji – a Czeszek to nie obejmowało – to dostała polskie papiery, inne nazwisko i wyjechała z Polkami. Bo trzeba powiedzieć, że Polki – zresztą może i nie tylko Polki – umiały docenić takie zachowania i jeśli to tylko było możliwe, zrewanżować się.

Ona nigdy nie chciała wrócić do komunistycznych Czech. Ale mówiły mi znajome, że po wojnie, kiedy wszystkim było gorzej finansowo w Czechosłowacji, to ze Szwecji organizowała pomoc, przysyłała paczki, pomagała. A w obozie zachowywała się wspaniale. Starała się, żeby dostać z kuchni więcej jedzenia, i chroniła te „króliki".

Jak?

Zdarzało się, że którąś schowała. No, nie ma. Nie ma i tyle. Robiła różne numery. Zwłaszcza pod koniec, bo już był bałagan, już nie zawsze Niemcy połapywali się, ile jest osób i kto, i co. Ale to wymagało odwagi.

Mieszkałam dłuższy czas w bloku z koleżankami „królikami".

Kiedyś nie pozwoliłyśmy wziąć paru dziewcząt na operacje. Wywołali nazwiska, a my otoczyłyśmy te dziewczyny i powiedziałyśmy, że ich nie damy. Niemcy nie użyli siły, widocznie już bali się konsekwencji, bo to była końcowa grupa „królików". Ale za karę zamknęli nas na dwa dni w bloku, zatrzasnęli drzwi i okiennice i nie dostawałyśmy jedzenia. Jedynie Rosjanki – które mieszkały w sąsiednim bloku i które nigdy nie dostawały paczek – w nocy przyniosły nam swoją zupę. Świństwo to było, ale zawsze kawałek zupy, jak to się mówi. Więc Rosjanki zachowały się przyzwoicie. My też dostawałyśmy paczki, ale tylko przez około półtora roku – cały 1943 rok, do czasu wybuchu powstania warszawskiego.

Jak kobiety dowiadywały się, że zostały wytypowane do operacji?

Przychodzili Niemcy i wzywali do rewiru, czyli do szpitala. I już było wiadomo, o co chodzi. „Królikom" wszczepiali na przykład bakterie do nacięć na nogach, łamali kości, wycinali mięśnie, do ran wkładali odłamki szkła, drewna, metalu, to się nie goiło. Te dziewczyny miały w nogach okropne ubytki, dziury, zostały okaleczone na całe życie.

A te, które się opierały, były operowane w bunkrze karnym – więzieniu w obozie – tak jak stały, na brudno.

Po tych eksperymentach wracały na blok?

Najpierw dłuższy czas leżały w szpitalu. Czasami robili im drugą operację. Potem chodziły o kulach, ale już nie wychodziły do żadnej pracy, siedziały w bloku. Niemcy w tym sensie popełnili błąd.

Bo wypuścili te kobiety ze szpitala?

No tak, a powinni byli coś z nimi zrobić. Bo miałyśmy z nimi kontakt i wszystko wiedziałyśmy. Poza tym parę koleżanek miało obywatelstwo amerykańskie, Niemcy je potem wypuścili z obozu, wyjechały z dokumentami i prawda poszła w świat.

Niemcy dali im te dokumenty?

Nie. Dały koleżanki, które pracowały w szpitalu i zbierały dane.

Zanim wojna się skończyła, już wszystko było wiadomo. Potem w procesach norymberskich zeznawały te dziewczyny okaleczone, niektóre długo chorujące, niektóre z fatalnie zniekształconymi nogami, i wszystko wyszło na jaw. Bo Niemcy na początku planowali uśmiercić te kobiety po operacjach, żeby nie zostawić po sobie śladu. Przed samym końcem wojny. Ale tego nie zrobili, bo już się bali. Sami byli zdezorientowani i wystraszeni. Nie mieli pojęcia, co ze sobą zrobić.

Niemcy mają taką psychikę, że najlepiej się czują, gdy ktoś im coś każe. Naprawdę. To taki naród. Oni lubią, żeby ktoś nimi zarządzał, żeby myślenie mieli z głowy. A najgorzej się czują, gdy muszą coś sami załatwiać, tak po partyzancku, wtedy nie bardzo wiedzą, co mają robić. A na wszelki wypadek? A żeby się nie narazić? A jak się nie narazić? A dlaczego? A może tak będzie lepiej? A na przyszłość to może lepiej, żeby było tak? Oni takie mają problemy. No, teraz są niezależnym krajem, ale też są tacy zdyscyplinowani. Odruch u nich jest taki, że najlepiej, gdy ktoś powie. I popełnili mnóstwo błędów taktycznych, bo zachowały się dokumenty i przeżyła olbrzymia grupa operowanych kobiet „królików".

Wanda Półtawska w książce *I boję się snów* napisała:

> Byłyśmy zdecydowane na walkę na śmierć i życie. Hasło: „Króle łapią!" stało się powszechnie zrozumiałe i wiele razy w ciągu dnia podnosił się alarm. W tej grze brał udział niemal cały obóz. Straszna gra w chowanego, która trwała do końca kwietnia 1945 roku. Musiałyśmy zniknąć z obozu. [...] I wtedy uratowały nas nasze Polki – blokowe. Bortnowska, Cetkowska, Kulinicz, Schöneman, Mrozek, Wilczańska i inne z niesłychaną solidarnością pomagały nam się chować [...]. Wnet wszystkie „króle" miały urządzone kryjówki. [...] Te z najgorszymi nogami – Stenia, Bogna, Wojtka, Jadzia, Dzido, Piasecka i Marczewska – wzięły ze sobą kołdry ukradzione z kamery, jedzenie, łopatę i... zakopały się pod blok. Brrr... było zimno i smrodliwie, kanalizacja od dawna „wysiadła" z uwagi na szalone przeładowanie obozu i kobiety załatwiały się właśnie pod blok. Biegały tam spłoszone wielkie czarne szczury o gołych, śliskich ogonach. Łomot rzucanej ziemi i nagle Wojtka, mocna, dzielna dziewczyna, wyrwała Steńce łopatę i krzyknęła histerycznie głośno: „Przestań!", po czym wybuchła płaczem. Po chwili uspokoiła się i tonem usprawiedliwienia dodała: „Zupełnie mi się wydawało, że mnie zasypują żywcem w grobie". Nie powiedziałam jej, że ja też miałam takie uczucie...

„Króliki" ukrywały się też pod innymi numerami – tych więźniarek, które zmarły. Pod koniec wojny przez obóz przewijały się tysiące kobiet, był bałagan, Niemcy nie byli w stanie nad tym zapanować, już nie ogarniali wszystkiego i była możliwość, żeby się zakonspirować.

Gdy pracowałam w magazynach, to raz miałam zorganizowany pobyt „królików" na noc. Wieczorem przyszła grupka, bo byłyśmy umówione, że je przechowam. Ale kierowniczka naszej kolumny Agnieszka Cogiel – jej bracia byli w wojsku niemieckim – nie chciała. Zrobiłam awanturę, nawtykałam jej, aż się popłakała. To była miła dziewczyna, ale się bała.

Kilka „królików" zmarło, ale osiemdziesiąt udało się przechować. Sporo z nich długo żyło po wojnie. Do tej pory żyją: parę w Stanach, a dwie w Polsce. Na przykład Stanisława Śledziejowska, w obozie zwana „Śledziem", mieszka na wschodzie Polski, blisko granicy, to barwna osoba, ja ją bardzo lubię. Prawie nie chodzi, a jest pełna życia i zawsze w humorze, sympatyczna, kontaktowa, fajna babka.

Pamięta ją pani z obozu?

Ooo, ją tak! Ona znała moją ciotkę Irenę Gniazdowską z Chełma. Zanim ją aresztowali, działała w Radzie Głównej Opiekuńczej, a tam pracowała moja ciotka. I ona stale tę moją ciotkę wspomina, do dzisiaj. Stąd moje stosunki z nią są bliższe. Przyjemna z niej kobieta, a jest uszkodzona, od lat ciężko jej chodzić, mąż jej chyba już nie żyje, a rodzina tylko do niej dojeżdża. Humor jej nie opuszcza, to jest dziewczyna zawsze pogodna.

Zastanawiała się pani, dlaczego nie została „królikiem"?

Nie mam pojęcia, czym Niemcy się kierowali, dlaczego pani X, a nie pani Y. Niemcy pod tym względem byli nieprzewidywalni. I na to nie ma odpowiedzi. Jeśli chodzi o operacje doświadczalne, to większość „królików" była z Lublina, a cztery z Warszawy. A jeżeli chodzi o rozstrzelania, to większość była z Warszawy. Kilka kobiet najpierw zoperowali, a potem rozstrzelali. Niemcy właściwie rozstrzeliwali tylko Polki, były pojedyncze przypadki z innych nacji.

Bo najwyrazistsza i tak masowa konspiracja była wyłącznie w Polsce. Armia Krajowa była najlepiej zorganizowaną i największą organizacją w okupowanej Europie. Do Ravensbrück z Polski przyjechały dwa specjalne transporty kobiet z wyrokami politycznymi z Warszawy, z Lublina i z Krakowa. Jednym z nich ja przyjechałam.

W którym momencie kobiety dowiadywały się, że dostały wyrok śmierci?

Wyroki śmierci Niemcy wykonywali do lutego czy marca 1945 roku, w odstępach co dwa, trzy miesiące, po pięć, sześć, osiem kobiet. I nigdy nie było wiadomo: kto, kiedy i dlaczego. Rozrywki umysłowe były takie, że ciągle usiłowałyśmy się wszystkiego domyślić.

Z naszego transportu Niemcy rozstrzelali około siedemdziesięciu Polek. Za każdym razem myślałam: „Teraz moja kolej". Brałam pod uwagę, że to może być mój ostatni dzień.

Pożegnanie tych, które szły na rozstrzelanie, utkwiło mi w pamięci na całe życie.

Jak się żegnałyście?

Zawsze mówiłyśmy, że mają dobrze wyglądać. Czesałyśmy je, żeby nie pokazywały przed Niemcami, że się boją. To też poprawiało samopoczucie. Chodziło o to, żeby zachować twarz.

Ale ja nie żegnałam się ze wszystkimi kobietami, które zostały rozstrzelane, bo zależało, gdzie kto mieszkał. Żegnałam się z panią Jadwigą Pobiedzińską, która spała koło mnie w bloku. Tyle w niej było spokoju i zrównoważenia. Prosiła, żebyśmy zajęły się jej córką Kazią. Żegnałam się też z Małgosią Dembowską i pamiętam jej słynne powiedzenie, że to, co ona wie na pewno, to to, że potrafi umrzeć za ojczyznę. Miała osiemnaście lat, fajna dziewczyna była. Jej rodzony brat jest dziś emerytowanym biskupem i gdy go poznałam, opowiedziałam mu, że na Pawiaku byłam z Małgosią w celi dla małoletnich i rozrabiałyśmy niewąsko. Basia Pietrzyk, która uczyła się w szkole baletowej, odstawiała nam tańce akrobatyczne. Miałyśmy zabawy i dużo się śmiałyśmy, bo nie wiem, czy mówiłam, że na Pawiaku była inna atmosfera niż w Ravensbrück.

Kobiety przed rozstrzelaniem były nadzwyczaj opanowane, nie pokazywały emocji ani strachu, a to wzbudzało u innych odczucia pozytywne. Chętnie rozmawiały o rodzinie, przekazywały, żeby pożegnać od nich najbliższych. Z tego, co z koleżankami wiemy, to wszystkie kobiety przed egzekucją zachowywały się pięknie. Można powiedzieć, że były na poziomie. Były z nami, dopóki nie wezwano ich na rozstrzelanie.

Widziałyście, jak je rozstrzeliwano?

Nie, nigdy, to były relacje, przekazy.

Wydaje się, że każdy, kto przeżył obóz koncentracyjny, widział wszystko, czyli też uśmiercanie więźniów przez Niemców.

Nie! Nie! Nie! Skąd?! My wiemy, gdzie to było, ale tego nie widziałyśmy. Niemcy zabierali je w specjalne miejsce – wąskie przejście pomiędzy murami obozu, blisko krematorium – i tam rozstrzeliwali, zwykle w trakcie apelu wieczornego, po pracy, około ósmej. To było daleko, kilometr od placu. Na apelu słyszałyśmy tylko dźwięk strzałów. Wtedy wiedziałyśmy, że są egzekucje.

W jaki sposób Niemcy je rozstrzeliwali?

Chyba strzelali w tył głowy. Nie wiem dokładnie, nie starałyśmy się dowiadywać.

Żeby was to nie osłabiało?

Po prostu nie chciałyśmy o tym rozmawiać. Delikatny temat. Nawet w obozie unikało się pewnych spraw, żeby się nie podniecać tym wszystkim. Poza tym – nam się wydawało, że to jest takie intymne. Że to jest sprawa tego człowieka. Że to nie powinno być przedmiotem ciekawości. Wystarczy, że zostały zamordowane.

Zdarzyło się uratować komuś z wyrokiem?

Tak, naczelna dozorczyni Johanna Langefeld uratowała tę Kazię, córeczkę pani Pobiedzińskiej. Mówię córeczkę, bo ona miała trzynaście lat, a wyglądała na jeszcze mniej. Pani Pobiedzińska dostała wyrok razem z dzieckiem, była jedna sprawa: matki z córką, i ciach.

Ta córka była w coś zaangażowana, że dostała wyrok śmierci?

Nie wiem. Niemcy się nie patyczkowali, razem je zgarnęli. Ojciec Kazi zginął w Oświęcimiu, całą rodzinę chcieli zlikwidować, a Langefeld interweniowała telefonicznie i uratowała Kazię. Joanna Penson była świadkiem, jak Langefeld dzwoniła, a potem wycofała Kazię i kazała jej wracać do bloku, bo już Kazia była zabrana do przodu, jak się mówiło.

Do przodu?

Do biura. Tam im odczytywano wyrok. Wiem, że Niemcy przebierali te kobiety w jakieś papierowe ubrania. Musiały oddać pasiaki, bo Niemcy prawdopodobnie chcieli zaoszczędzić ich mundurki dla następnych więźniarek. Przed rozstrzelaniem zamierzali tym kobietom zasłaniać oczy, ale nie wszystkie się na to godziły.

Zajęłyście się córką pani Pobiedzińskiej, tak jak prosiła?

Przede wszystkim zajęła się nią pani doktor Maria Kujawska ze Śląska, która była w obozie z dwiema córkami: Barbarą – moją powojenną koleżanką ze studiów, z którą miałam kontakt aż do jej śmierci – i Janką. Pracowała w szpitalu i była przydatna jako lekarka, znana tam. Ona wzięła tę Kazię, po wojnie Kazia mieszkała u niej, skończyła szkołę pielęgniarską, wyszła za mąż, miała chyba dwie córki. Pracowała w Rabce, ale przez moment pracowała też u nas w szpitalu w Otwocku, bo nagle ją tam spotkałam. Była osobą ponurawą i skrytą. Myślę, że śmierć matki i pobyt w obozie jednak odcisnęły na niej piętno. Potem nie miałam z nią kontaktu, wróciła do Rabki. Nagle się dowiedziałam, że popełniła samobójstwo. Podobno poszła do lasu, szukali jej i znaleźli martwą. Zostawiła list, z którego wynikało, że to depresja.

Czy jeszcze któraś z kobiet po obozie popełniła samobójstwo?

Tak, Rysia Kuszel, ona w obozie była pielęgniarką. Po wyjściu mieszkała w Gorzowie Wielkopolskim i dosyć szybko popełniła samobójstwo. Mam jej dokumenty, trafiły do mnie do Klubu Kobiet Ravensbrück, bo już żadna jej rodzina nie żyje. Usiłowałam doszukać się motywów, ale chyba były psychiczne, z przeżyć wojennych.

Hala Kamińska też popełniła samobójstwo. Po wojnie skończyła medycynę i lata całe pracowała w Instytucie Gruźlicy na Płockiej w Warszawie. Miała męża, też lekarza. Jeszcze żyła jej matka, miła pani Maria Kamińska, która była razem z nią w obozie. Jej matka była spokojna, zrównoważona, a Halinka miała po wojnie okresy załamań psychicznych.

Wróćmy do pani życia w obozie.

W drugiej połowie 1942 roku jedna nasza Polka ze Śląska pani Stanisława Schöneman – świetnie mówiąca po niemiecku i z dobrą głową – wymyśliła, żeby otworzyć pracownię artystyczną, niby na potrzeby wszystkich pracowników obozu. Wmówiła to Johannie Langefeld.

Dziewczyny zaczęły haftować, rysować. Szyłyśmy profesjonalnie letnie buty ze słomy dla żon esesmanów. Pani Schöneman zmobilizowała do tej pracy najmłodsze i tak powstała cała instytucja. Polki szybko się zorganizowały, dotarły do różnych źródeł, przecież dla kogo stworzono te warsztaty? Dla Polek. Pracowało z nami trochę Czeszek, ale nikt z żadnej innej nacji. Udało się przekonać Niemki dozorczynie, że będziemy malować i rysować ich portrety. No i robiłyśmy te buty dla żon esesmanów.

Ładne?

Całkiem ładne: na koturnie, otoczone cieniutko plecioną słomą. I to był cały kunszt, wszystko miałyśmy opracowane. Jedne moczyły słomę, bo trzeba ją było spreparować, i plotły cienkie łańcuszki. To dochodziło do nas, a my na kopycie obszywałyśmy tym całe buty. W środku miały podszewkę z materiału w kwiatki.

Stanisława Schöneman, 1947 rok

Tego materiału można było uszczknąć, na przykład ja dostałam na imieniny, 21 czerwca 1943 roku, pamiętnik od Ani Kvapilovej – zrobiła go własnoręcznie i oprawiła w tę podszewkę w kwiatki. Był czysty i ładny. I to jest wielka pamiątka. Są w nim ładne wiersze, sama je pisała, wszystkie są po czesku.

Na te imieniny tort zrobiła mi pani Antonina Kijko, właścicielka cukierni z Żoliborza. Wiem, że po wojnie dalej prowadziła cukiernię.

Z czego zrobiła ten tort?

Głównie z chleba. To było przed powstaniem warszawskim, jeszcze przychodziły do nas paczki i zawsze była jakaś marmolada, cukier i ciastka, które dokładała do tortu, a wierzch

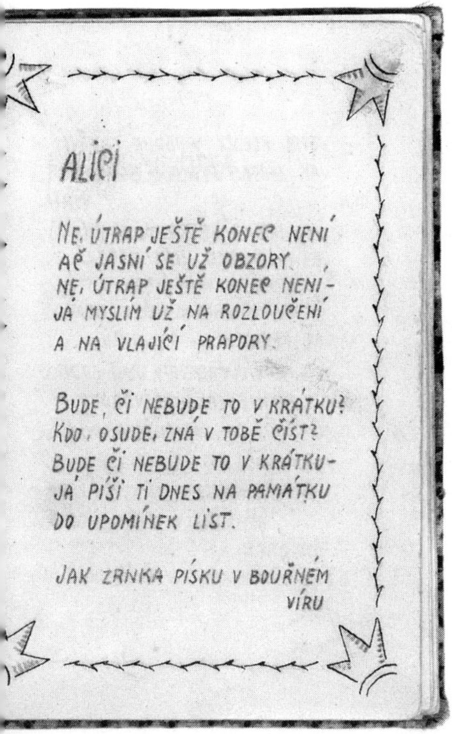

Pamiętnik –
prezent od Anny Kvapilovej

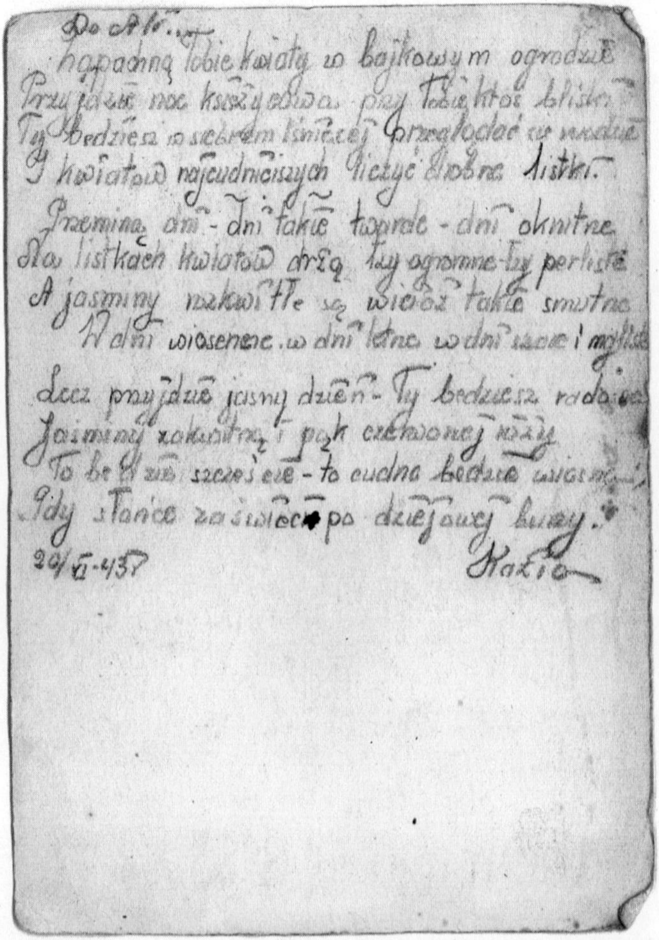
Do Al...
Zapachną Tobie kwiaty w bajkowym ogrodzie
Przyjdzie noc księżycowa, przy Tobie ktoś bliski
Ty będziesz w srebrem księżycu przeglądać się w wodzie
I kwiatów najcudniejszych liczyć drobne listki.
Przeminą dni – dni takie twarde – dni okrutne
Na listkach kwiatów drżą łzy ogromne – łzy perliste
A jaśminy przekwitłe są wciąż takie smutne
W dni wiosenne, w dni letnie, w dni szare i mgliste.
Lecz przyjdzie jasny dzień – Ty będziesz radosna
Jaśminy zakwitną i pąk czerwonej róży
To będzie szczęście – to cudna będzie wiosna
Gdy słońce zaświeci po dżdżystej burzy.
20/V-43 r.
Kazia

Wiersz od Kazi

ozdabiała margaryną. Wytrawna cukierniczka potrafiła coś wymyśleć. Więc był tort i przyjęcie na bloku.

Wszystkie kobiety z bloku brały udział?

Nie. Bliższe koleżanki. Czeszki: Anna Kvapilová, bo ona ze mną pracowała, i blokowa Marzena Švediková, która wiele dobrego zrobiła dla Polek. Z Polek pamiętam Kazię Pobiedzińską, która wtedy na imieniny napisała dla mnie wiersz:

Do Ali…

Zapachną Tobie kwiaty w bajkowym ogrodzie,
Przyjdzie noc księżycowa, przy Tobie ktoś bliski,
Ty będziesz w srebrem lśniącej przeglądać się wodzie
I kwiatów najcudniejszych liczyć drobne listki.

Przeminą dni – dni takie twarde – dni okrutne,
Na listkach kwiatów drżą łzy ogromne – łzy perliste,
A jaśminy rozkwitłe są wciąż takie smutne
W dni wiosenne, w dni letnie, w dni szare i mgliste.

Lecz przyjdzie jasny dzień – Ty będziesz radosna,
Jaśminy zakwitną i pąk czerwonej róży,
To będzie szczęście – to cudna będzie wiosna,
Gdy słońce zaświeci po dziejowej burzy.

20/VI 43 r. Kazia

Wróćmy do butów ze słomy – ciekawe, czy żony esesmanów w nich chodziły?

Nie widziałam nigdy żadnej, ale esesmani je kupowali. Raz Himmler przyjechał ze świtą po buty dla żony, przeszedł koło mnie, wybrał dwie pary, pod pachę wziął i pojechał. Była wojna i takie letnie buty ze słomy były dobre i modne.

W pracowni obok mnie siedziały dwie panie malarki: Maria Hiszpańska-Neumann zwana „Myszką" i Maja Berezowska. Rysowały i malowały portrety dozorczyń, żeby je tym przekupić.

Co zyskiwały?

Święty spokój. A to było najważniejsze. Cenne. Że dozorczynie nie czepiały się i nie kazały im robić nic innego. Wygrywały tym, że rysowały. Z tym że Hiszpańska przedstawiała wszystko dramatycznie: wychudzone postaci i nie bardzo wychodziło jej rysowanie dozorczyń. A Berezowska z każdej robiła piękność, więc były zachwycone, gdy dostawały te swoje portrety w prezencie. Maja wygrywała na tym, a biedna „Myszka" miała trudności. Robiła piękne, autentyczne rysunki z obozu. Jednak trudno jej było malować optymistycznie i z dozorczyń robić damy i panie obfite (śmiech). Ona miała inny sposób malowania, inne spojrzenie i kosztowało ją wiele wysiłku, żeby upiększyć te kobiety. Musiała się przemóc i zmusić i trochę się starała. Ale nie rysowała tak wyuzdanie jak Berezowska. Bo Berezowska rysowała dozorczyniom prawie biusty na wierzchu, miała taki styl i taki też miała wygląd. Hiszpańska była asteniczna: wsobna, przeżywająca, smutna, małomówna, chuda, mizerna, z oczami czarnymi, z czarnymi włosami. A Berezowska była promienna, przy kości, obfitych kształtów, mimo że to był obóz, trzymało jej się to ciałko i ten wygląd taki pulchny, i uśmiech. Mimo tych samych warunków miała inny sposób bycia.

Kobiety z obfitym ciałem w obozie nie szczuplały?

Różnie było, pod koniec niektóre były bardzo wychudzone. Poza tym trzeba było mieć tendencję do takiego chudnięcia. No i ważne było, jak człowiek odbierał tę sytuację życiową, jak ją przeżywał. Jeśli ktoś strasznie się męczył, cierpiał psychicznie, bez przerwy się przerażał, to wpływało to na jego wygląd.

Berezowska była optymistką, a Hiszpańska – pesymistką. Dlatego ja zawsze mówię, że poglądy, spojrzenie na świat, reagowanie mają olbrzymi wpływ na wygląd, zwłaszcza w takich sytuacjach.

Wie pan, ja też zawsze byłam pogodna (śmiech). Całe życie byłam optymistką.

I robiłam swoje, szyłam te buty, czasem na lewo też można było coś zrobić, ja na przykład uszyłam sobie bluzkę. Inne dziewczyny na rączkach szczoteczek do zębów rzeźbiły zwierzątka, figurki, święte obrazki. I niektóre panie do dzisiaj mają te rzeźby z obozu.

Skąd miały tyle szczoteczek?

Z domu dostawałyśmy w paczkach. Zamówiło się pięć szczoteczek i były. Przed powstaniem warszawskim nam przysyłali.

A potem?

Zużyło się to, co było. Ale to był ostatni rok. Kobiety jeździły też do pracy na zewnątrz obozu i gdy trafiła się dobra dozorczyni, to przez nią można było to albo tamto załatwić, przecież one też przyjmowały prezenty. Te, którym zależało, miały. Ja do końca miałam szczoteczkę. Od mojego brata przyrodniego Zbyszka, który był w oflagu, dostałam dwie lub trzy paczki i tam były rzeczy higieniczne, ciepły podkoszulek i kalesony (śmiech). Zakładałam je w nocy. Podkoszulek też był świetny. Potem koleżanki wyciągnęły mi z magazynu sweter, w którym przyjechałam z Warszawy, i go pod spód wkładałam na dzień.

Wie pan, warsztaty artystyczne działały parę lat i miałam tam dobre warunki, bo pracowałam w zamkniętym budynku i w zimie nie marzłam. Poza tym pani Helena Tyrankiewicz kapitalnie opowiadała książki i wysłuchałam całej *Wojny i pokoju*. Ale to była praca od rana do wieczora, bez przerwy na obiad, dopiero wieczorem kolacja, i trzeba było przesiedzieć jedenaście godzin. Już nie mogłam usiedzieć, myślałam, że się pochoruję. Pracowałam tam ze dwa lata, to ile można?

Załatwiłam sobie pracę w magazynie z materiałami i dźwigałam bele po czterdzieści kilo, a sama ważyłam trzydzieści osiem. Ale był ruch i poczułam się lepiej. Chodziłam, biegałam, na wózkach woziłam do przykrawalni, a potem do szwalni bele materiałów, a stamtąd wywoziłam gotowe mundury dla wojska. Dużo nosiłyśmy na plecach – z samochodu prosto w drzwi.

Ile takich bel musiała pani przenieść?

Dwadzieścia, trzydzieści dziennie.

W magazynach pracowałam przez ostatnie półtora roku. W tej pracy podobał mi się ruch i to, że można było coś podkraść (śmiech). Na przykład kawałek materiału. Kradłyśmy, żeby przygotować się na wyjście z obozu. Już był koniec wojny, okres rozluźnienia, i gdy nie było za dużej dostawy, to mogłam posiedzieć godzinę, tak że uszyłam sobie nawet spódnicę, czego nie robiłam nigdy w życiu.

Jak?

Ręcznie zszyłam boki, i koniec (śmiech).

W obozie były dwa rodzaje magazynów. Jeden z rzeczami po osobach zamordowanych przez Niemców, a drugi, olbrzymi, z nowymi rzeczami kradzionymi, zwłaszcza z Francji. Moja przyjaciółka Ola Steuer była w tym magazynie sekretarką, bo świetnie znała niemiecki, i kiedyś przyniosła mi śliczny jedwab w jasne kwiaty na białym tle, który przyjechał z Francji. A ja przywiozłam ten jedwab do Polski i w domu uszyłam sobie z niego koszulę nocną, i nosiłam iks lat.

Człowiek kombinował, nie za dużo, bo nie było tego jak nieść do Polski, ale żeby coś mieć, przecież nie miałyśmy nic.

Wie pan, praca w magazynach miała też inne zalety. Niemcy początkowo z tych materiałów szyli mundurki dla więźniarek, jednak zrezygnowali z szycia pasiaków i szyli mundury dla wojska. A dla wojska wszystko musiało być idealnie czyste. I tym sposobem miałam dostęp do ciepłej wody i żelazka. Cyganki przynosiły mi z pralni wiadro gorącej wody z mydlinami i można było coś uprać. Podkradały, co się dało, gdziekolwiek pracowały (śmiech). A Ukrainki były w charakterze usługujących.

W jakim sensie?

Brały od pana rzeczy i prały. Coś uszyły. Uprasowały. Prasowanie zabijało wszy ubraniowe, bo one były najgorsze, strasznie trudno było je udusić. Ale to robiły Ukrainki ze wschodu. Bo te nasze Ukrainki – to znaczy z zachodu obecnej Ukrainy, gdzie przecież wtedy była Polska – uważały się za uczone, bo lepszą szkołę kończyły. Były po polskiej szkole – chociażby po powszechnej – i uważały się za damy, i mogły rozmawiać tylko z Polkami. Ale trzeba powiedzieć, że faktycznie dobrze

Aleksandra Steuer, 1948 rok

mówiły po polsku i wiedziały więcej, były bardziej wykształcone i lepiej ubrane. A te Ukrainki ze wschodniej Ukrainy to były prostaczki, miłe i ładne młode dziewuchy, ale takie zupełnie od krów. I one były do usług, robiły dla Polek różne zlecenia i płaciło się im jedzeniem, chlebem. A żadna z zachodniej Ukrainy nigdy nie zaproponowała, że coś zrobi. To były dwie nacje ukraińskie z olbrzymią różnicą w poziomie, w sposobie mówienia. Ze sobą wzajemnie w ogóle nie chciały rozmawiać. Wydaje się, że obóz to wszyscy równo. Nieprawda. Te z zachodniej Ukrainy zabiegały, żeby być z nami w przyjaźni, i nie lubiły Rosjanek (śmiech). A swoje Ukrainki ze wschodu miały za nic, traktowały je jak barachło.

Tylko Ukrainki były służącymi?

Tylko. No więc Ukrainka od czasu do czasu robiła mi pranie. Blisko były pralnie i szwalnie, tam pracowały dziewczyny, które wymieniały nam bieliznę. Koleżanki opowiadają, że nie miały czym się nakryć, że miały jakieś szmaty, rzeczywiście tak było w starym obozie. Ale ja miałam dwa eleganckie koce z czystej wełny. Bo bloki, w których mieszkałam, były nowe, oddzielone od starego obozu, zbudowane specjalnie dla pracowników działu przemysłowego. Muszę przyznać, że jak na obóz miałam luksus, trafiło mi się dobrze, tyle że była ciężka praca fizyczna i się nadźwigałam. Ale każda z nas miała swoje miejsce do spania, były podwójne nary zbite z desek, sienniki, prześcieradła, poduszeczki, zupełnie inne warunki niż w starym obozie.

Na pryczy spała pani sama?

Nie, z Olą Steuer. Ola była Żydówką, ale katoliczką i całą jej rodzinę Niemcy zabili w obozie w Płaszowie, a ona przeżyła w Ravensbrück. Wyglądała jak typowa Żydówka, jednak nie miała sprawy za pochodzenie, bo aresztowali ją za pracę w konspiracji, a to już inny resort i Niemcy nie doszukiwali się niczego innego. Dzięki temu te kobiety się uratowały, nie były ścigane z tego powodu, że są Żydówkami. Ale z kolei gdy Niemcy likwidowali getto i brali grupę Żydów, to wtedy Niemców nie obchodziło, co kto robił, tylko to, że są Żydami.

Pamiętam, że jedną koleżankę wyciągnęłyśmy z getta w Warszawie. Załatwiłam jej nowy dowód tożsamości, mieszkała u naszej wspólnej znajomej, a potem wyjechała i mieszkała na wsi, kolejno u różnych ludzi, i przeżyła wojnę. Fizykiem była, pracowała w Instytucie Badań Jądrowych pod Otwockiem. Zmieniła nazwisko na Kowalska, a była to Krystyna Kohn.

Wie pan, wszystko zależało od okoliczności, w jakich człowiek się znalazł. Z Olą Steuer znałyśmy się, bo przyjechałyśmy jednym transportem, ona z Krakowa, a my z Warszawy.

Joanna Penson przypomniała mi ostatnio, gdy byłam u niej w Sopocie, że Ola wzięła ją pod swoje skrzydła i dała jej pracę w magazynach, ale Joanna już nie mogła wytrzymać, bo Ola była strasznie zaborcza, chciała człowieka tak otoczyć. I Joanna chciała się Oli wywinąć. Inna koleżanka, blokowa, zaproponowała jej pracę sztubowej, czyli swojej pomocnicy. I ja poszłam za nią do tego magazynu. Joanna powiedziała mi, że miała wyrzuty sumienia, mówi: „Niechcący ciebie tam wepchnęłam". Jeszcze teraz się tłumaczyła i mnie przepraszała. Mówię: „Nie miej wyrzutów sumienia, bo mnie się tam żadna krzywda nie działa i świetnie dałam sobie radę, a praca w magazynach mi odpowiadała, bo już fizycznie i psychicznie miałam dosyć tej siedzącej pracy w warsztatach artystycznych".

Pamiętam, gdy Ola chorowała i leżała w bloku, to z pracy, z tego magazynu, pisałam do niej listy. A ona do mnie.

Pisałyście sobie listy mimo takiej bliskości w obozie?

Tak, i mam te listy, ale tak zblakły, że nie jestem w stanie przeczytać, został tylko ślad pisania. Pisała, że tęskni, że nie jest ze mną. Miłe słowa. W tych listach opowiadała o sobie, bo leżała sama, a ja wtedy nie mogłam jej odwiedzić. Bo nieraz nikogo nie pytałam, szłam spokojnie, nikt mnie nie zaczepiał. No, trzeba było uważać, żeby się komuś nie narazić, nie natknąć na dozorczynię. Ale po obozie można było się poruszać, to nie było zabronione. Obóz to nie było więzienie, co innego, gdy ktoś siedział w bunkrze – to było więzienie w obozie, z zakratowanymi oknami. Do bunkra trafiało się za przestępstwa obozowe: niegrzeczną odpowiedź, awanturę, złą pracę.

W niedzielę można było spacerować i wtedy chodziłam z jednego końca obozu na drugi odwiedzać znajome. Bo w tygodniu po apelu o ósmej szłam do pracy, wracałam do bloku o dziewiątej wieczorem, to gdzie by człowiek chodził w odwiedziny?

Te nowe bloki dla pracowników działu przemysłowego były mniejsze – dwieście kobiet i jedno piętro prycz – i z Olą spałyśmy spokojnie, nie było ciasnoty. Bo w starych blokach na takiej pryczy spało po pięć albo sześć kobiet. Tam było zatłoczenie – dwa piętra prycz w jednym pomieszczeniu, jak w koszarach, i sześćset kobiet sobie na głowie. No i jak można nie mieć zatargów? Jedna chrapała, druga się nie umyła, trzecia była chora.

Wie pan, to jest strasznie uciążliwe, gdy trzeba na komendę przewracać się z boku na bok.

Jak to na komendę?

Bo inaczej nikt się nie ruszy, gdy śpi sześć dziewczyn ściśniętych. Pan wie, co to jest za spanie? Koszmar. Poza tym – jeszcze jedna rzecz źle wpływała na ludzi: nie było żadnego odosobnienia. Wszystkie ubikacje pootwierane.

Żadnej intymności?

Żadnej. Przy myciu, przy ubieraniu i przy innych czynnościach fizjologicznych (śmiech). Przez tyle lat człowiek stale był z kimś. Nigdy nie był sam.

Stale kontrolowany?

Tak. I obserwowany. To okropne.

Nawet w toaletach wszystko odbywało się w towarzystwie?

W tłumie (śmiech). Wszędzie ludzi pełno.

Rano człowiek pędził, trzeba było się umyć, pójść do toalety, coś zjeść, wypić tę czarną, jakąś żołędziową kawę i do pracy. A cały dzień w pracy też między ludźmi i pod kontrolą dozorczyń.

Były kobiety, które miały pretensje: a to, że sąsiadka ma lepsze łóżko, a to, że się rozpycha, a to, że ją stuknęła łokciem. I tak jak w życiu zdarzały się intryżki.

Popchnięcie łokciem doprowadzało do awantur?

Oj, tak. Tego typu durnowate sprawy potrafiły wywołać awanturę.

A to któraś ukradła kubek. Naczynia były na wagę złota. Gdy kubek zginął, to nie miał pan kubka, i koniec. No, można było ukraść drugiej (śmiech). Gdy komuś ukradli kubek, to był dramat. Ale człowiek mało się tym interesował, pilnował siebie.

Dlaczego brakowało naczyń?

Jeżeli Niemcy liczyli przykładowo, że w obozie będzie pięć tysięcy osób, a było pięćdziesiąt tysięcy, to w pewnym momencie nie było nawet ubrań dla nowych więźniarek, nie tylko pasiaków, ale i prywatnych ubrań, bo zostawały najgorsze szmaty.

Na początku naczynia trzymałyśmy w szafkach. A potem ukrywałyśmy pod poduszką. Były takie, które wszystko – ciuchy, naczynia – nosiły przy sobie (śmiech). Gdy pracowałam w magazynach z materiałami, to tam miałyśmy naczynia przyzwoitsze. A ja w sztaplach – poukładanych belach – robiłam schowki i przechowywałam swoje rzeczy.

A gdy pod poduszką miałyście schowane rzeczy, to ktoś mógł je ukraść?

Były przeglądy, przychodzili Niemcy, rozwalali łóżka i jeśli ktoś miał schowaną dodatkową parę majtek, to zabierali, bo nie wolno. Przecież to były rzeczy państwowe. Można było tylko kombinować.

Obóz koncentracyjny kojarzy nam się głównie z głodem i śmiercią...

Tam drobiazgi, duperele, wbrew temu, co dziś o tym można myśleć, też grały rolę. Poza tym praca była nieraz bardzo trudna. Rano wstawało się strasznie wcześnie, o czwartej. Nieludzka godzina.

Był zegar w obozie?

Nie, wyła syrena. Apel zaczynał się o wpół do piątej rano, drugi był w południe, a trzeci wieczorem o ósmej. A na apelach stałyśmy nieraz po parę godzin. Bo albo któraś więźniarka nie wróciła z pracy, albo któraś umarła i blokowe nie mogły się doliczyć, a wszystko musiało się zgadzać, i dopóki się nie doliczyły, to stałyśmy.

Stałyśmy też karnie za ogólne przewinienia, gdy na przykład więźniarki pobiły się w bloku karnym lub któraś próbowała coś ukraść w kuchni.

A zimą stałyśmy i marzłyśmy. Nosiłyśmy letnie chusteczki z płótna. Kurtki – jak papierowe – bez podszewki, z cienkiego sukna, z tego też były sukienki w pasy. Na nogach – drewniaki. Ale zdarzało się, że późną jesienią zabierali nam drewniaki i kazali chodzić boso, a już był szron. I na apelach przestępowałyśmy z nogi na nogę, podkładałyśmy gazety i inne papierki, a tego nie wolno było robić, ale nie było wyjścia i trochę pomagało. Palce miałam odmrożone, ale mi przeszło. Okazuje się, że człowiek może przeżyć więcej, niż mu się wydaje.

Pod koniec wojny śmiertelność była bardzo duża i już był taki bałagan, że o doliczaniu się na apelach trudno było mówić. Czasem trzymali nas na stojąco przez złośliwość, żeby dokuczyć. Niedziela była dniem wolnym od pracy, a nagle wymyślali apel karny. Raz zatrzymali nas na cały dzień i kazali maszerować. No, to po pół godzinie zaczęłyśmy śpiewać polskie piosenki wojenne i wojskowe i się śmiać. Bo przecież tyle było młodych dziewczyn i potrafiłyśmy to dobrze znosić, nie byłyśmy jęczące, obolałe, tylko głośno śpiewałyśmy i nam się to spodobało.

Co śpiewałyście?

Głównie piosenki do marszu, które śpiewali legioniści Piłsudskiego, na przykład *Legiony*:

> Legiony to – żołnierska nuta,
> Legiony to – straceńców los,
> Legiony to – rycerska buta,
> Legiony to – ofiarny stos.

Śpiewałyśmy też *Pierwszą Kadrową*:

> Raduje się serce, raduje się dusza,
> Gdy Pierwsza Kadrowa na wojenkę rusza.
> Oj da, oj da dana, kompanio kochana,
> Nie masz to jak Pierwsza, nie!

Gdy Niemcy się zorientowali, że śpiewamy po polsku i co śpiewamy, bo ktoś to wreszcie odkrył, to się wściekli, przerwali tę imprezę i kazali nam iść do bloków, bo z tej kary zrobiła się zabawa.

Mogłyście mówić po polsku?

Między sobą dosyć swobodnie rozmawiałyśmy po polsku. Nie przypominam sobie z tego powodu represji. Dziewczyny się też uczyły, bo przeważnie były w takim wieku, że nie zdążyły skończyć szkoły, niektóre nie miały nawet szkoły podstawowej. I gdy godzinami stały w szyku, nauczycielka ustawiała się koło nich i robiła im wykład. Zdawały egzaminy, a po wojnie miały zaliczoną maturę, którą zdały w obozie, bo dostawały zaświadczenia od swoich nauczycielek.

Niemcy nie rozumieli, co mówimy, ale w Ravensbrück nie było to tak przestrzegane, nie było oficjalnego zakazu mówienia między sobą w swoim języku. Niemcy mówili do nas po niemiecku, ale była blokowa lub sztubowa, która musiała znać niemiecki.

A gdy Niemcy zwracali się do więźniarek wprost, a dziewczyna nie rozumiała?

To dostawała po głowie. Zwyczajnie. Przecież nie zawsze blokowa była gdzieś w pobliżu, bo w bloku żyło kilkaset kobiet.

Pamiętam, jaka byłam szczęśliwa, gdy znalazłam się w sytuacji, że mogłam być sama: miałam godzinę przerwy w dostawie, weszłam między bele materiałów i się zdrzemnęłam. Bo najbardziej przeszkadzała ta wieczna obecność drugiej osoby. Nie można było być samemu. Brak jakiejkolwiek intymności to jedna z najgorszych rzeczy, dręczących. Bo nagość to już był fragment życia obozowego i do tego się przywykało, ale najważniejsze, że człowiek nigdy nie był sam. Do dzisiaj bardzo lubię się zamknąć sama. Mam mieszkanie trzypokojowe – osiemdziesiąt jeden metrów. Wiele lat miałam mniejsze i nas było pięcioro: dwie córki, niania, mąż, więc było ciaśniej. Ale teraz jak moja córka Joasia pyta: „A może za duże to mieszkanie?", to mówię: „Nie za duże, bardzo dobre". Nawet gdy żył mąż i zaczynał prowokacyjne rozmowy, bo lubił, to wychodziłam, zamykałam drzwi i byłam sama, bo mogłam. I gdy teraz jestem sama, to mi dobrze.

Większość moich znajomych, które mieszkają same, też sobie to chwali.

Kobiety, które były w obozie?

Tak. Właśnie one chcą być same. Chyba że stan zdrowia już im na to nie pozwala. Ale jeśli są sprawne, to są zadowolone, że mieszkają same. I ja też jestem zadowolona, i już nie chciałabym mieć nikogo przy sobie (śmiech). A zahaczając o sprawy osobiste, to nawet z kochanym człowiekiem nie chciałabym już być na stałe. Na chwilę – tak. Bo ciągle żyję i mam uczucia i odczucia. Ale żeby mieszkał ze mną, to nie.

Wystarczy mi suczka Pola, gdy sobie porozmawiamy na dobranoc (śmiech). Zwierzęta są wspaniałe.

Wracając do życia obozowego – powiem panu, że praca w magazynach z materiałami była dobra, ale w ostatnim roku gorzej było z jedzeniem. Bo gdy przyjechałam w 1941 roku, to na śniadania była marmolada, kawałeczek sera, margaryny i ćwiartka chleba. Człowiek dostawał to na cały dzień. Pamiętam kobiety, które brały tę ćwiartkę i od razu zjadały rano. Były jak dzieci – jak głodne, to wszystko jadły i nie myślały, co dalej. A ja kroiłam na pięć czy sześć cieniutkich kromek i jadłam po trochu, i wtedy tego jedzenia robiło się dużo (śmiech). To dobry system – ja do dzisiaj jadam tak samo – w ten sposób można było oszukać głód. I miałam tę ćwiartkę chleba na cały dzień.

Gdy mieszkałam z Olą Steuer, to razem robiłyśmy sobie posiłki, nakrywałam jakąś serwetkę i pilnowałam, żeby kromki były cienkie i dużo.

A potem stopniowo jedzenia było coraz mniej. Bo w 1941 roku w niedziele w zupie były jeszcze jarzyny, a nieraz – wkładka mięsna. Ale już w 1942 roku dawali nam gotowane zgniłe kartofle. Na obiad była zupa z brukwi czy z jarmużu – obrzydlistwo. Na śniadanie kawa z jakichś żołędzi i kawałeczek spleśniałego chleba.

I jadłyście spleśniały?

No, jakoś człowiek jadł. Okrajało się, bo coś trzeba było zjeść.

Od spleśniałego nie było chorób?

Nie. Jak widać (śmiech).

I dało się na tym przeżyć?

Dało się. Można bardzo mało jeść w życiu. To, co my wszyscy jemy, to jest trzy razy za dużo. Jeśli mniej jemy, to mniej spalamy.

I od tego zależy ta długowieczność?

(Śmiech). No, tak jest.

Był dobry okres, kiedy z domu dostawałyśmy paczki, a w nich słonina, cebula i nawet chleb z Polski. Wtedy był raj – więcej jadłam, oddawałam i zamieniałam jedzenie. Ale po powstaniu to się urwało.

A pod koniec wojny już był straszny głód.

Wie pan, co jest dobre na głód? Sól. W obozie była dostępna. Sól brałam na język. Sól daje znieczulenie, nie jest wtedy tak źle. Tylko ja dużo lepiej znosiłam głód niż zimno. W obozie było potwornie zimno, w blokach nie było ogrzewania. Blok wyglądał tak, że po dwóch stronach była część sypialna – stały piętrowe prycze. Z jednej strony bloku była niby-łazienka: umywalki i brodziki i tam z kranu leciała woda. Zimna. Z drugiej strony był rząd ubikacji i pokój blokowej, tam też przesiadywała dozorczyni. A w środku bloku była niby-jadalnia, stało dużo stołów i mały kaflowy piecyk, który tylko czasem grzał, więc praktycznie nie było ogrzewania.

Dlatego u pani w mieszkaniu jest tak ciepło?

Psychicznie nie znoszę zimna. Mogę płakać, gdy jest zimno. Jestem nieszczęśliwa, gdy jest zimno. W obozie tak wymarzłam, że tego boję się najbardziej. Bo głód mi tak nie przeszkadzał.

Ale schudła pani?

No, schudłam – dziesięć kilo – ważyłam trzydzieści osiem kilogramów, a pracowałam ciężko.

Głód znosiłam dobrze, bo zawsze jadłam niedużo, nie miałam tej potrzeby i to było dla mnie pozytywne w obozie. Bo kto lubił się objadać, to ciężko to przeżywał. Były kobiety, które czekały, szukały możliwości, widać było po nich, że cierpią, że są głodne. Starały się o pracę na zewnątrz, w polu, w gospodarstwach Niemców, bo tam miały większą możliwość zjedzenia czegoś, przynosiły z pola jarzyny do obozu.

Pamiętam, jak raz Ukrainki – te służące – polowały na więźniarki, które niosły na blok kotły z zupą, rzuciły się na nie, wyrywały im te kotły, a jednej chciały nawet odciąć rękę. Ale w końcu inne ją obroniły i nie doszło do rzezi.

Rzuciły się na zupę z brukwi?

Zupa to zupa.

Przypomniało mi się, że w obozie były w modzie przepisy kulinarne. Niektóre kobiety miały zapisane wszystkie wolne kartki. Zajmowały głowę pomysłami kulinarnymi, żeby nie myśleć o głodzie. To było psychiczne uzupełnianie braku jedzenia. Pisały i wyobrażały sobie, że to mają i jedzą.

Nie czuły przez to większego głodu?

Raczej nie, w ich opowiadaniach widziałam entuzjazm. To się łączyło ze wspomnieniami z domu rodzinnego, z ekstrapotrawami świątecznymi, a przy okazji z popisaniem się, że potrafią to przyrządzić. Poza tym to był temat miły, nie mówiło się stale o okropnościach, tylko o czymś przyjemnym.

Jednak ja nigdy nie notowałam przepisów, bo kuchnią się nie interesowałam, nie umiałam gotować. Wodę zagotować, i tyle (śmiech). W domu miałam nianię, która świetnie gotowała, więc ani nie musiałam, ani czułam potrzeby. I nigdy nie miałam dużego zamiłowania do jedzenia. W obozie jedzenie nie było dla mnie wielkim tematem, ale też nieraz czułam głód.

Proszę pana: CHLEB NAJWAŻNIEJSZY. Do końca życia nie zapomnę, jak pod koniec pobytu w obozie śniło mi się, że mam na własność cały bochenek chleba.

Jak ten sen wyglądał?

Nie pamiętam szczegółów. Pamiętam jedno: że w ręku trzymam wielki bochenek chleba. I że – miałam tę świadomość – on jest cały mój. A to było w czasie, kiedy chleb był prawie nieosiągalny, bo był zgniły. Przecież Niemcy mieli zapasy chleba, to był trochę taki erzac-chleb, z jakimiś dodatkami, żeby go utrwalić, ale gdy leżał w magazynach parę lat, to i on zaczął pleśnieć.

Ale my, pracownice działu przemysłowego, w tych magazynach z materiałami za ciężką pracę fizyczną dostawałyśmy drugie śniadanie – ekstradokładki: dwa, trzy krążki kiełbasy i dodatkowy kawałeczek chleba. Jednak na znak protestu, że tylko nam dają, nie brałyśmy tego jedzenia. Że dlaczego mamy dostawać dokładki, my tu pracujemy przymusowo, a nie, żeby się wyróżniać. Jeszcze człowieka było stać na taki gest honorowy.

I nie zjadłyście?

No nie. Pokazałyśmy, że co to – tu będą nam pchać, a tam ludzie umierają z głodu?

I jaka była reakcja Niemców?

Żadna. Przecież nie przyszli nas namawiać do jedzenia kiełbasy. Ale w takich akcjach brały udział Polki i Rosjanki, tylko te dwie nacje. Niemki i inne brały dokładki. Czeszki nie przejmowały się Niemcami i wcinały. Czesi mają zupełnie inną psychikę niż my. Dla nich najważniejsze jest, żeby siebie ratować. I święty spokój. A nie jakiś honor, że nam dają, a innym nie, więc trzeba się z nimi solidaryzować. Im to do głowy nie przyszło. Rosjanki takie były i my.

Czyli to dwie nacje, dla których ważny był honor?

Na to wygląda (śmiech).

Nigdy nie spróbowała pani tej dokładki?

Nigdy nie zjadłam tego dodatkowego śniadania i przeżyłam nie najgorzej. Niemcy po pewnym czasie przestali nam je dawać, i już miałyśmy jak wszyscy.

Pamiętam, jak w Wigilię nie było opłatka i dzieliłyśmy się chlebem.

Pamiętam też, że w latach 1942–1943 były kolumny leśne, które jeździły w okolice stalagu – jenieckiego obozu dla szeregowców i podoficerów – tam przez tych chłopaków wojskowych na lewo wysyłałyśmy listy i ktoś im też przekazywał dla nas opłatek komunijny. Jednak to się urwało, bo z kolumny leśnej w czasie przerwy obiadowej uciekła więźniarka Eugenia Kocwa. Znała niemiecki, przygotowała sobie ubranie i udało jej się dotrzeć do Krakowa. Po wojnie koleżanki ją bojkotowały i nie chciały z nią utrzymywać kontaktów.

Zrobiła wszystkim krzywdę. Pracowała poza obozem, a dozorczyni, która z nimi jeździła, przymykała oko na te kontakty ze stalagiem. Gdy ona uciekła, Niemcy rozwalili kolumnę leśną. Było to kosztem kilkunastu dziewczyn z tej kolumny i całego obozu, było dużo represji. Stałyśmy godzinami na apelu, zanim Niemcy doszli do tego, że ona uciekła. Polka, kierowniczka tej kolumny, była maltretowana. Dziewczyny z tej kolumny trafiły do bloku karnego, a tam był wyjątkowy reżim: cięższa praca, jeszcze gorsze jedzenie, bito je, kopano. W bloku karnym była straszna mieszanina, mieszkały i pracowały z asocjalnymi: złodziejkami, prostytutkami, z ciemnymi typami, były głodne, biły się i okradały.

Kocwa po ucieczce była potępiana przez więźniarki, mówiły, że to świnia, niekoleżeńska, że dobrze jej było w tej pracy, bo była na powietrzu, w lesie sadziła drzewka i wygrzewała się w słońcu, a przez nią straciłyśmy cenne kontakty.

Raz przyjęłam z koleżankami ten opłatek, oczywiście bez komunii. Była u nas w obozie taka święta pani Józia Kantor ze Śląska i ona odprawiała msze (śmiech). I rozdawała te opłatki.

Gdzie?

Jak przez mgłę pamiętam, że to była komórka obok wejścia do bloku, maleńka przestrzeń. Każda pojedynczo tam wchodziła i szybciutko przyjmowała opłatek.

Dlaczego tylko raz przyjęła pani opłatek?

Bo tylko raz trafiła mi się taka okazja, ktoś powiedział, że jest możliwość. To był kawałeczek opłatka, bo przecież ksiądz czy ktoś inny dał małą paczuszkę.

A pani Kantor za odprawianie mszy brała zapłatę?

Nie, a kto miał jej płacić?

Wy – chlebem.

Nie, nie, ona by nawet nie chciała.

Dlaczego właśnie ona odprawiała msze?

Bo była bardzo praktykująca i uważała, że to jest jej obowiązek jako bardzo dobrej katoliczki.

Msze odbywały się nieoficjalnie w niedziele w jadalni, w dużych blokach, tam gdzie była polska blokowa i dozorczyni, która na to przymykała oko. Były śpiewy, modlitwy, pani Kantor zamieniała się w księdza i odprawiała liturgię. Była nabożna i chciała stworzyć właściwą atmosferę, lecz bez zbyt wielu gestów, błogosławieństw, raczej bez pompy.

Na takiej mszy byłam raz, może dwa razy, więcej nie czułam potrzeby.

Taka msza pani nie wzmacniała?

Wydawało mi się to sztuczne. Ksiądz to ksiądz. Kościół to kościół. A ona podchodziła do tego z wielką atencją, strasznie serio. Na mnie to nie robiło wrażenia.

Sama się pani modliła?

Okazyjnie. Gdy ogarnęły strach czy refleksje. Od czasu do czasu wpadałam w taki nastrój. Ale nie drążyłam tematu, że Bóg mnie opuścił. Wierzyłam, że Bóg nade mną czuwa. Wierzyłam, że wyjdę z obozu może dzięki mojej zmarłej mamie… Takie dziecięce fantazje…

Że wyjdzie pani z piekła?

Głupie gadanie, mnie to denerwuje. Może dla kogoś to było piekło, ale nie dla mnie. A kto wie, czym jest piekło i czy w ogóle istnieje? Nigdy nie używałam takich górnolotnych określeń.

To kwestia odczuć indywidualnych. Jedni dramatyzują, inni się nie poddają. Zawsze doszukiwałam się stron pozytywnych. Nie było tam przyjemnie, ale czy wszystko, co nas spotyka na co dzień, jest przyjemne? Na wolności dla młodej kobiety zawód miłosny, porzucenie czy obsesyjna zazdrość kochanka to też piekło.

Uważam, że obóz dla wielu nie był piekłem, ale teraz, po latach, dramatyzują, od czego zawsze byłam jak najdalej.

Że pracowały od rana do wieczora, że daleko od rodziny, że bywały okresy głodu, że koleżanki szły na śmierć – to dla nich jest piekło.

Myślę, że część opowieści to ubarwianie. Ludzie opowiadają tak, żeby swoją historię upiększyć, udramatyzować.

Niemcy zachowywali się brutalnie: popychali, dawali kopniaka czy trzepnęli w twarz. Może to ja jestem taka, że nie zwracałam uwagi, że ktoś mnie mocniej chwycił. Czy na to, że gdy rozebrali nas do rosołu, jak zabierali nam ubrania, a dawali pasiaki, to musiałam stać naga przed lekarzem esesmanem – to jest ujma, ale kobiety piszą, że to upodlenie. Ja uważałam, że Niemcy mają taki system, a ja jestem w niewoli i oni robią, co chcą. Że mają siłę i pozwalają sobie na rzeczy, na które w normalnych warunkach by sobie nie pozwolili. No, nie było to przyjemne, ale kobiety podkreślają, że to potworne, że zostaje uraz.

W związku z tym opowiem panu pewną historię. Jest pan jednym z nielicznych ludzi, którym to mówię, na dowód, że to nie zostawiło we mnie śladu. Jako dziecko byłam molestowana. To było po śmierci mamy, miałam dwanaście lat, byłam w pensjonacie u ciotki Ireny w Krynicy. To był znany lekarz z kurortu, wszystkich leczył, z ciotką zaprzyjaźniony. Powiedział: „Wezmę bratanicę do kina", a ciotka do mnie:

„Pójdź, to się rozerwiesz". W kinie było mało ludzi, siedzieliśmy na piętrze w loży, a obok nas nie było nikogo. I on zaczął mnie obściskiwać i całować. Było to dla mnie obrzydliwe, ale byłam zaskoczona, nie wiedziałam, co zrobić, trochę się bałam, do końca nic nie mówiłam i siedziałam jak sparaliżowana. Gdybym była starsza, to może bym uciekła, ale wtedy nie bardzo wiedziałam, o co chodzi. Po filmie odwiózł mnie do domu i pierwsze, co zrobiłam, to wzięłam kubek z wodą i wypłukałam usta. I ujawniłam sprawę natychmiast. Ciotka była energiczna, znana w Krynicy, poszła na policję, do władz, zrobiła z tego aferę. Okazało się, że ten lekarz już długo uprawiał w Krynicy taki proceder, lecz dziewczynki się z tym kryły. No, to ode mnie się zaczęło... Brzydziło mnie, że obleśny facet mnie obściskuje. Gdyby mi się to podobało, to może też bym nikomu nic nie powiedziała. Nie pamiętam już, jak wyglądał, ale mógł mieć około czterdziestki. W Warszawie poszłam z ojcem do sądu na ulicy Leszno, ojciec posadził mnie na kolana, w pokoju przy biurku siedziały dwie osoby i złożyłam zeznanie. Ten lekarz przestał pracować, miał proces i siedział.

Całe zdarzenie było nieprzyjemne, może się popłakałam, jednak bardzo szybko to po mnie spłynęło i nie zostawiło we mnie urazu, a na pewno nie zostawiło żadnych śladów na psychice.

Tego nigdy nie wiemy do końca.

Ja wiem.

Coś panu jeszcze powiem: gdy w obozie dowiedziałam się, że w Warszawie wybuchło powstanie, byłam zrozpaczona: „Dlaczego ja tam nie mogę być?!".

Bo pani oczywiście brałaby udział?

No, o to chodziło przecież (śmiech). Dzisiaj myślę, że może dzięki obozowi żyję? Bo gdybym była w Warszawie, to może bym to życie straciła, w czasie powstania mogłam dziesięć razy zginąć. W obozie za to byłam zamknięta i siedziałam (śmiech).

A po powstaniu warszawskim to już w obozie były takie czasy, że Niemcy sami byli podszyci strachem i mało było ostrych działań, i kto nie miał wyroku śmierci, ten siedział cicho. Mam więc wszystko, co tam się działo, widzieć źle?

To czym dla pani był obóz koncentracyjny?

Miejscem odosobnienia. Z różnymi szykanami. Że trzeba było codziennie rano wstać o czwartej, że było zimno, bo nie było opalane i człowiek marzł. Ale mówić: „Byłam w piekle"? Ja wolę mówić inaczej. Można opowiedzieć, że było trudno, że człowiek ciężko pracował. Obóz nie był przyjemnością, jednak z tą nieprzyjemnością trzeba było walczyć.

Było ciężko, lecz unikam tragizujących opisów. Wiem, że niektóre kobiety bardzo cierpiały. A ja mówiłam: „A skąd. Nie. Nie. Nie. Na złość Niemcom – ja muszę przeżyć". Zawsze miałam chęć zaprzeczenia temu wszystkiemu.

Jeżeli w takim obozie siedziało się parę lat, to dzięki starszym koleżankom, które znały język niemiecki i miały różne funkcje, można było uzyskać pomoc czy zwolnienie lekarskie i zostać na trochę w bloku, nie pracować.

Pamiętam, że Niemcy dostawali szczepionki przeciw tyfusowi i raz przyszły zbyt silne, w ramach sabotażu, żeby zaszkodzić Niemcom – niech też zachorują (śmiech). A ponieważ Niemcy również nas szczepili, bo robiłyśmy ze słomy olbrzymie buciory dla żołnierzy i bali się zarazków, to ciężko zachorowałam na paratyfus. Trzy dni przed Bożym Narodzeniem, 21 grudnia 1944 roku, dostałam gorączki, ponad czterdzieści stopni. Ubierałam się i nie mogłam się zapiąć, bo nie trafiałam guzikami w dziurki. Sama poszłam do szpitala i stanęłam w stumetrowej kolejce na mrozie i śniegu. Kobiety przede mną, stojąc, umierały, padały, zabierali je. A ja stałam. I gdy postałam tak trzy godziny, i doszłam przed oblicze doktora Schiedlausky'ego, to już miałam trzydzieści osiem stopni, już się ostudziłam (śmiech). Dał mi zwolnienie z pracy na tydzień i skierował do szpitala. Tam były lekarki Polki – więźniarki,

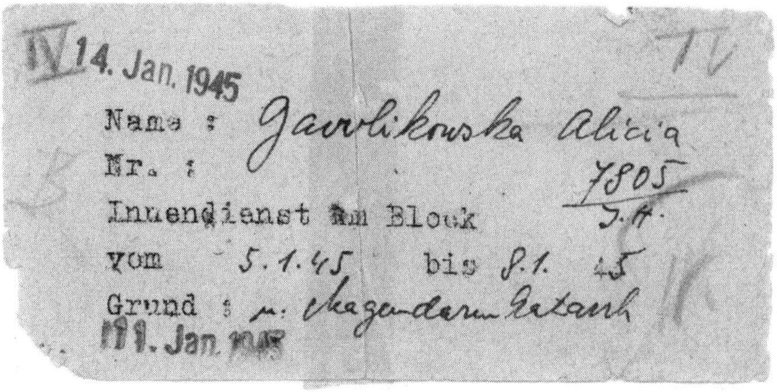

IV 14. Jan. 1945
Name : Gawlikowska Alicja
Nr. : 7805
Innendienst im Block 5.A
vom 5.1.45 bis 8.1.45
Grund : [illegible]
19. Jan. 1945

ab 21.12.44

Zwolnienie lekarskie

dostałam lek na zbicie temperatury, w nocy mi spadła i powiedziałam: „Muszę wracać do bloku, przecież nie będę tu leżeć w Boże Narodzenie, bo jeszcze Niemcy wywiozą mnie na spalenie".

Rano poszłam do łazienki, na podłodze leżały trupy, w oknie wybita szyba, a ja weszłam pod zimną wodę. Uważałam, że to mi dobrze zrobi (śmiech). Lekarki dały mi jeszcze lek i wypuściły mnie ze szpitala. Koleżanki dbały o mnie, miałam zwolnienie i siedziałam w bloku. Bez leków. Jeść nie mogłam, zresztą nie było co. Ale byłam w domu – jak to się mówi – we własnym łóżku, co było wielkim plusem. Z moją przyjaciółką

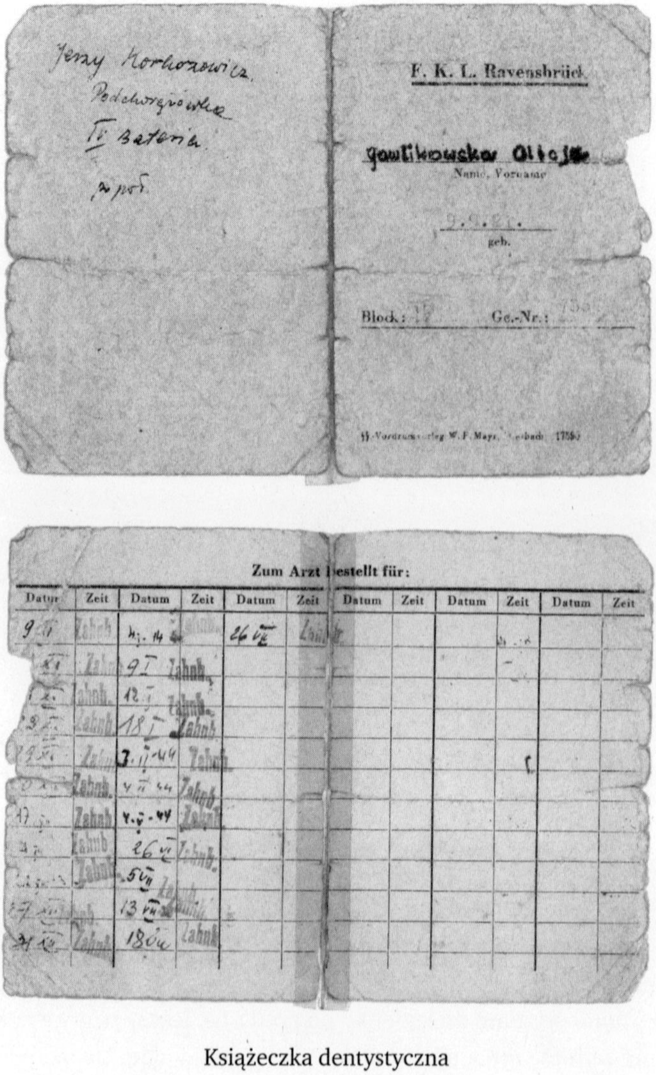

Książeczka dentystyczna

Olą Steuer. Fatalnie się czułam, a warunki higieniczne w bloku były zerowe, bo nie było toalety, mimo że to były nowe bloki. W starym obozie toalety i łazienki były w blokach. A na terenie przemysłowym łazienki i toalety były w oddzielnym budynku, jednak zimą woda tam zamarzała i stały zamknięte. I prosto z łóżka trzeba było wychodzić na dwór za blok.

Co wam służyło za papier toaletowy?

W Ravensbrück był papier toaletowy. Nie przypominam sobie, żebym miała tego typu problemy. Poza tym dochodziły gazety, tego nie likwidowali, nie było tego typu szykan.

Takie były warunki i ktoś by powiedział, że to było piekło. A ja uważałam, że to miejsce, w którym trzeba przeżyć.

Koleżanki pomagały mi przedłużyć zwolnienie. Ale po trzech tygodniach Niemcy kazali mi już iść do pracy. Pamiętam, że pierwszego dnia podniosłam belę materiału i się przewróciłam. Ale raz się przewróciłam, drugi raz się podparłam, trzeci i wróciłam do pracy.

Wie pan, że mam tę kartkę na pamiątkę...

Jaką kartkę?

To zwolnienie lekarskie. Mam też książeczkę dentystyczną, a w niej zapisane dwanaście wizyt. Masę zębów mi wypadło przez złe jedzenie, przez głód i potem trzeba było usuwać korzenie. W obozie były dwie dentystki Polki. Wolałam pójść wyrwać ząb niż iść do pracy, to się opłacało.

Zwolnienie można było sobie przedłużyć, bo w szpitalu pracowały Polki. Wszystko dawało się jakoś załatwić, głównie tym, które siedziały długo i już miały chody.

A kobiety, które nie miały chodów?

Trudna sytuacja zaczęła się w latach 1942–1943, gdy przyjeżdżały transporty z Auschwitz, z Majdanka, bo te kobiety przywlekły ze sobą masę chorób. Zaczął się tyfus, gruźlica i bardzo dużo z nich umarło na choroby zakaźne.

Najgorszą sytuację miały te, które późno przyjechały do obozu. Najbardziej współczułam tym, które przyjechały po powstaniu warszawskim, jesienią 1944 roku. To, co zastały w obozie, to była makabra: choroby i olbrzymia śmiertelność. W blokach, gdzie mieszkały, był straszny tłok i straszny brud, nie miały już koców ani innego nakrycia, nawet ubrań.

Jak dobrze, że w porę się z tego wymigałam, bo, jak mówiłam, przez ostatnie półtora roku pracowałam w magazynach z materiałami i przeniosłam się do nowych bloków, wybudowanych specjalnie dla nas – pracowników działu przemysłowego. Tam miałyśmy pościel, koce i było po ludzku.

Gdy przyjechały kobiety po powstaniu, w obozie był już głód, więc miały ciężko. Ale nie lubiłyśmy tych dziewczyn. Zachowywały się jak najbardziej udręczone przez wszystkich, stale się czegoś domagały, że im się więcej należy, bo one są z powstania. A większość z nich nie walczyła, miały po czternaście, piętnaście lat, zgarnęli je z miasta lub z domów. Uważały, że są największymi bohaterkami. Że są bardziej poszkodowane przez los. O tym, że my siedzimy już kilka lat, mówiły: „Aaa, wy się już zadomowiłyście, macie pracę, dajecie sobie radę".

No, miały rację. Zadomowiłyście się i miałyście pracę.

Ale Niemcy robili miejsce dla następnych więźniarek i większość tych, które wtedy przyjeżdżały, zostawała w obozie dwa, trzy, cztery tygodnie, a potem jechała do fabryk. Praca w przemyśle zbrojeniowym była ciężka, jednak w zakładach pracy panowały lepsze warunki, jeśli chodzi o spanie i wyżywienie. Fabryki miały swoje baraki mieszkalne i normalniejsze godziny pracy. Wiem, że wszystkie te kobiety przeżyły.

Po nich w styczniu 1945 roku Niemcy przywieźli więźniarki ze wszystkich obozów w Polsce. Te, których nie wykończyli. Straszne było przepełnienie. Przyjeżdżały tysiące kobiet, których nie można już było pomieścić, nie nadążali ich rejestrować i można było robić różne kombinacje. Znam parę kobiet, którym pozmieniano numery i narodowość, żeby je uchronić. Jedna była wzywana na rozstrzelanie, ale była poza obozem, w pracy w fabryce. Koleżanki ją przebrały, dostała numer po zmarłej, schowały ją i przeżyła.

Czy w Ravensbrück mordowano głodem?

Tak. Do naszego obozu przylegał przedwojenny niemiecki obóz dla trudnej młodzieży. Niemcy selekcjonowali więźniarki i wysyłali tam te, które się słaniały: chore, słabe, stare. Tam je głodzili. Pomagali też sobie trucizną. Te kobiety stały na apelu iks godzin dziennie, potem padały i leżały na kupkach. Tam była taka umieralnia.

Niemcy brali kobiety prosto z transportu, gdy na oko było jasne, że nadają się tylko do tego, żeby je zagłodzić.

Transporty z innych obozów – jak mówiłam – naprzywoziły straszną mieszaninę chorób, cały zestaw. Dlatego Niemcy stwarzali tym ciężko chorym takie warunki, żeby szybciej umarły, tam zginęło bardzo dużo kobiet. Starali się w naturalny sposób je załatwić, jak to się mówi. Tego nie można sobie dobrze wyobrazić. I trudno jest to opowiedzieć.

Spróbujmy.

Niemcy starali się wykończyć te kobiety praktycznie – w najprostszy sposób, bo to i tanio, i większa ilość. Drastycznie trzeba powiedzieć, bo tak było.

No to przecież było piekło.

No było, ale nie używam takich ostrych określeń. Takie gadanie to reklama. Obóz był trudny do przeżycia, okropny, i już. A ludzie epatują: „Ach, jakie tam było piekło…". Nie lubię tak, bo wydaje mi się, że wtedy się w tym wszystkim pogrążam. Zawsze uważałam, że nie ma sytuacji, w której – jak to się mówi – trzeba złożyć broń. Pracowałam. Śpiewałam. Żartowałam. Przecież nie mogłam od rana do wieczora myśleć, że żyję w piekle!

Co Niemcy robili z ciałami?

Na początku zakopywali pod murem obozu, ale ile można zakopać?

Przywiozłam od Joanny Penson zdjęcie, na którym widać wykopane z ziemi części kości, czyli musiały tam leżeć trupy.

Później zakopywanie ciał było niemożliwe, bo przecież przyjechał cały wschód, zjechały wszystkie obozy.

Dlatego Niemcy wrzucali ciała do dołów i palili je w stosach. Czasem, gdy przyjeżdżał transport ciężko chorych

Krematorium i jezioro Schwedt, 1960 rok

kobiet, to ładowali je do ciężarówek, puszczali spaliny i jechali prosto do krematorium. Zanim dojechała ta grupka upchana, kobiety już nie żyły. Wyładowywali ciała i palili w krematorium. Prochy wysypywali do jeziora. Bo krematorium stało bardzo blisko jeziora. A jezioro olbrzymie i piękne.

Czyli jezioro Schwedt do dzisiaj jest grobem?

Tak, tak – to jezioro jest zbiorowym grobem. I miejscem wypoczynku Niemców. Bo Fürstenberg to kurort i Niemcy przyjeżdżają tam na wczasy.

Wiedzą, że tam są prochy tylu ludzi?

Nie wiem. W niemieckim biuletynie reklamowym nie zauważyłam, żeby cokolwiek pisali na ten temat.

Dla nich ten obóz to ciągle jest bajka, coś mało realnego. Do upadku muru berlińskiego na terenie obozu stacjonowały wojska radzieckie i poza tubylcami prawie nikt nie wiedział o jego istnieniu.

Przeczytałem w internecie niemiecką ulotkę reklamową *Atrakcje turystyczne w kraju Brandenburgia*:

> Tutaj królem jest fan sportów wodnych. Miasto wody Fürstenberg, położone na trzech wyspach między jeziorami Röblin, Baalen i Schwedt, jest sercem rozległego obszaru jezior. Co roku obchodzi się tutaj Brandenburskie Święto Wodne. Zgodnie z mottem: „Jeziora i przeżycia" miłośnicy sportów wodnych i ciekawscy przekształcają to miejsce w centrum przyjemności wodnych Brandenburgii. Fürstenberska kraina jezior należy do regionów, które mogą poszczycić się w Niemczech największą dbałością o środowisko. Na wschodnim brzegu jeziora Schwedt znajduje się miejsce pamięci Ravensbrück, przypominające największy na obszarze Trzeciej Rzeszy obóz koncentracyjny dla kobiet, założony w 1938 roku przez narodowych socjalistów. Warta polecenia jest także wizyta w Brandenburskim Muzeum Leśnictwa. Szczególnego rodzaju wypoczynku mogą państwo zaznać na rowerze-drezynie, kursującym na dawnym trzydziestokilometrowym odcinku kolejowym między Templinem a Fürstenbergiem.

To piękne miejsce, mają dochody i z tego żyją. A ci, którzy żeglują po jeziorze, pewnie nic nie wiedzą.

Sądzi pani, że po wojnie nie powinno być wczasów nad tym jeziorem?

Tam były wczasy i przed wojną, i tak z tradycji zostało. Proszę pana – główny grób w obozie w Ravensbrück to jezioro Schwedt.

Ale to byli Niemcy wschodni i oni mieli inne podejście do tematu wojny, nie wolno było tego kultywować, nie uczono w szkołach. Temat obozów był zakamuflowany, w głębokiej tajemnicy. Wtedy niewiele o tym wiedzieli nawet ludzie wykształceni. Moja przyjaciółka Gizela, nauczycielka, mówiła, że w NRD obowiązywał zakaz mówienia o tym, co było w czasie wojny. Dopiero po zjednoczeniu Niemiec zaczęło się inaczej mówić na ten temat, już uczą o tym w szkołach. Polki jeżdżą na spotkania z młodzieżą, ja też byłam, i ci młodzi Niemcy przejmowali się bardziej niż nasza młodzież, bo mam też spotkania w szkołach w Polsce. Nasi wysłuchali i podziękowali, że było owocnie. A w Niemczech przyjemnie było obcować z uczniami, bo wszystko przyjmowali z entuzjazmem, zadawali mądre pytania, notowali, potem urządzali wystawy i uroczystości, a dziewczyny płakały.

Pamiętam, że kiedy byłam w NRD, tuż przed powstaniem muru berlińskiego, w 1960 roku, to z mężem i z kuzynami pojechałam do Ravensbrück. Pusto, głucha cisza i nie bardzo można było wejść. Siedziała woźna, naburmuszona baba, i zaczęła mnie egzaminować: A kto? A po co? A co ja tu robię? A co, a co, a co? I wtedy mi się wszystko przypomniało. Wróciliśmy do hotelu i ja się spiłam whisky, ale jak! Bo to przeżyłam. Ton tej woźnej przypomniał mi dawne czasy.

W Ravensbrück byłam potem wiele razy, ale tamten pobyt poruszył mnie pierwszy i ostatni raz naprawdę mocno.

Ile kobiet może leżeć w jeziorze Schwedt?

W tym jeziorze są tysiące kobiet wrzuconych w postaci prochu. Ale nie mam pojęcia ile, tego przecież nikt nie liczył.

W obozie ze stu trzydziestu dwóch tysięcy kobiet czterdziestu narodowości zginęły dziewięćdziesiąt dwa tysiące. Z czterdziestu tysięcy Polek – przeżyło osiem tysięcy.

Przez ostatni rok paliły się dzień i noc – non stop. Ale u nas krematorium było małe i Niemcy nie nadążali ze spalaniem. Trzy paleniska, to co można spalić? A umieralność była olbrzymia. Załóżmy, że sto kobiet dziennie umierało, może więcej. Ale na początku nie było krematorium, zostało wybudowane w ostatnim okresie – rok, półtora przed końcem wojny.

Prawdę mówiąc, myśmy nie dociekały, bo ciała palili poza bramą obozu, na terenie wolnym, tam były zakłady amunicji Siemens, więc gdzieś koło Siemensa. Krematorium też było poza bramą, za murem, ale blisko, więc na obóz rozchodził się dym i smród palonych ciał.

Człowiek wiedział, że tak jest, ale gdy się pracowało po dwanaście godzin dziennie, to kto by się interesował, jak długo pali się trup. Obojętnieje się na wiele rzeczy i człowiek stara się prawie nie zwracać na to uwagi, tyle co konieczne, bo smród wchodzi do nosa. Więc robiłyśmy swoje. Tylko ktoś, kto przy tym pracował, jakiś wytrawny z Auschwitz, szczegóły by panu opowiedział. Ale Niemcy na ogół wykańczali i tych, którzy pracowali w krematorium, żeby nie było świadków.

Pamiętam, jak szłam do dziewczyn do bloku, gdzie mieszkała Joanna, i w korytarzu weszłam prosto na trupy. Czekały na wyniesienie. Nie było ich gdzie położyć. No takie nieprzyjemne uczucie, ale też już prawie obojętne. Bo widok trupów to była moja codzienność. Nieraz chodziłam po trupach, bo nie dało się inaczej. Dla mnie do dzisiaj to nie jest szokujące. Żywy to się ruszy, nie pozwoli po sobie chodzić. A martwy nie reaguje.

Człowiek obojętnieje. Na wszystko można zobojętnieć, do wszystkiego można się przyzwyczaić. I nie można inaczej. Bo gdybym siedziała i tak sobie uzmysławiała, że w krematorium palą się ludzie, to powoli by mnie to zabiło. A ja tylko myślałam, żeby mieć co zjeść, żeby się w coś ubrać, żeby nie zmarznąć, nie zamarznąć, nie zarazić się i móc się przespać.

Przecież nie rozmyślałam wiecznie, jak mną tu pomiatają. Trzeba było pomyśleć, jak się wykręcić, jak się schować, jak coś wykombinować.

Proszę pana – w obozie nigdy nie byłam muzułmanem.

To znaczy?

Wychudzona, wyniszczona. Nawet gdy już było kiepsko z jedzeniem i schudłam dziesięć kilo, to byłam bardzo szczupła, ale nigdy nie wyglądałam jak kościotrup.

Zawsze dbałam o wygląd. Mówiłam już panu, że Cyganki też dobrze wyglądały. Ale jeszcze były Niemki, te asocjalne, kryminalne, one o siebie nie dbały. Nie było to regułą, ale częściej były zaniedbane niż więźniarki polityczne. Bo w obozie były też Niemki i Austriaczki polityczne – przeciwniczki Hitlera. Ich nie było tak dużo jak nas, ale był cały blok niemiecki i austriacki.

Polityczne starały się dbać o wygląd, a asocjalnym nie zależało, po prostu inna psychika. Bo zaniedbanie zależy od psychiki. Zawsze tak uważałam, do dziś.

Pamiętam, że obok naszego obozu był mały obóz męski, mechanicy stamtąd przychodzili do nas coś naprawić i wyglądali gorzej od kobiet. Kobiety lepiej się prezentowały, były wytrzymalsze. Mężczyźni byli wytrzymalsi podczas krótkiego wysiłku. Żeby podnieść ciężar na przykład. Jednak wyniszczali się z czasem i z braku jedzenia.

„Muzułman" – to było w gwarze obozowej określenie pogardliwe?

Nie. To było określenie współczujące.

Nad słabym?

Gdy widziało się człowieka, który już prawie nie był żywy. Biedak, który nie chce żyć, nie umie się bronić.

A skąd pani wie, jak pani wyglądała w obozie? W ciągu tych czterech lat widziała się pani w lustrze?

Ooo, ciekawe pytanie, na które nie mam odpowiedzi. Zaraz… w szybie można było się przejrzeć.

W obozie nigdzie nie wisiały lustra. W blokach, gdzie mieszkałyśmy, ani w magazynach, gdzie pracowałam, na pewno nie było luster.

Zaczynam sobie przypominać, że jedno lustro widziałam, gdy przyjechałyśmy do obozu i w biurze nas rejestrowali, i robili nam fotografie. Tam musiało być lustro, bo robiłyśmy uwagi na swój temat.

A może same dla siebie byłyście lustrem?

A może tam jednak było lustro? Na pewno wiedziałam, jak wyglądam.

W obozie byłam cztery lata i, jak już panu mówiłam, w drugiej połowie pobytu Niemcy przestali szyć pasiaki, tylko wybierali z magazynów prywatne ubrania po więźniarkach.

Tych, które już nie żyły?

Głównie pożydowskie. I gdy już nosiłyśmy te ubrania prywatne, była okazja się postroić. Lubię ciuchy, przyznaję. Myślę, że to moja mama, która chorowała, była w domu i szyła mi piękne sukienki, już w dzieciństwie wyrobiła we mnie zamiłowanie do strojów. I w obozie też starałam się jakoś wyglądać.

Wie pan – chęć przetrwania tak człowieka odradza, że robi się wszystko, co przypomina wolność.

W lecie na głównej ulicy lagrowej zobaczyłam na Cygance sukienkę w drobne kolorowe kwiatki i się zachwyciłam. I namówiłam ją, żeby mi ją sprzedała. Uzbierałam chleb i kupiłam.

Za ile chleba?

Chyba ćwiartkę. No, musiałam jej dać spory kawałek. Proszę pana, ubrałam się w tę sukienkę i byłam przeszczęśliwa (śmiech). Tej sukienki nigdy nie zapomnę.

Czyli w obozie zrobiło się kolorowo?

Nie, nie do końca, jednak kobiety nie ubierały się tak, żeby rzucać się w oczy. Ale w niedzielę Cyganki i Niemki lesbijki chodziły poubierane przedziwnie.

I Niemcy nie przyczepiali się do was za takie strojenie?

W Krakowie na drugim roku medycyny – w płaszczu przywiezionym z obozu, 8 listopada 1946

Nie, bo potem były już zarządzone ubrania cywilne i można było sobie wybierać. Kiedyś trafił mi się piękny, nowy, wełniany zimowy płaszcz. Beżowy, na podszewce, z watoliną, z brązowym futrzanym kołnierzem. I przytargałam go po wojnie do Polski (śmiech). Ale było warto. Zdawałam sobie sprawę, że przyjadę goła, bosa, tyle co na sobie, przecież wiedziałam, że w Warszawie nie mam nic.

To nieźle – z obozu koncentracyjnego wrócić z eleganckim płaszczem.

Tak, przywiozłam trochę ciuchów, bo nie było nic innego. Jednak płaszcz był najważniejszy. Jeszcze pachniał dobrymi perfumami i ten zapach mnie prześladował. Ale co miałam robić, płaszcz ciepły, ładny, przechodziłam w nim całe studia w Krakowie po wojnie. Mam zdjęcie, na którym dobrze widać ten płaszcz pożydowski.

Skąd pani wiedziała, że był pożydowski?

Bo nasze więźniarki, które pracowały w tym magazynie, wiedziały, skąd przychodzą rzeczy. Niemcy sprowadzali ubrania nie tylko z Polski, ale i z innych krajów, przyjeżdżały jeszcze nawet w walizkach, które spakowały sobie ich właścicielki. I przez ostatnie dwa lata Niemcy dawali nam odzież cywilną z wymalowanymi na plecach krzyżami.

Ten płaszcz też miał krzyż?

Tak, tylko więźniarki główkowały i po znajomości można było dostać coś bez krzyża albo z krzyżem namalowanym kredą, i potem dawało się go zetrzeć. Bo z ubraniami pomalowanymi farbą już nic nie można było zrobić, to było na sztywno, na amen.

Dlaczego Niemcy malowali te krzyże?

Bo gdy któraś ucieknie, to będzie wiadomo, że więźniarka.

Pamiętam, że w drugiej połowie kwietnia 1945 roku, jeszcze trwała wojna, Niemcy dali nam pierwsze paczki żywnościowe z UNRRA, które przysyłali nam Amerykanie i które od dawna nam się należały. Dostałyśmy po jednej na dwie osoby na tydzień przed wyjściem z obozu. Potem, przed samym wyjściem z obozu, dostałyśmy jeszcze po jednej. Bo wcześniej Niemcy je kradli i sami zżerali. Jedzenia oficjalnego już prawie nie było, więc naprawdę było ciężko. Ale gdy dostałyśmy te paczki, to ja wszystkich ostrzegałam: nie wolno się najadać, bo to tłuste rzeczy. Mięso w puszce, smalec, mleko skondensowane. Całe lata nie jadłyśmy tłuszczów i nagle najeść się tłustego mięsa i tłustej śmietany na pusty żołądek?! Można spróbować łyżeczkę, kawałek. A kobiety były bez głowy, nie można było im wytłumaczyć i umierały z powodu biegunki albo ostrego zatrucia.

Pamiętam, jak w ostatnich dniach, gdy już szedł front, Niemcy usiłowali jak najszybciej opróżnić obóz, a ja z kilkoma koleżankami migałyśmy się i uciekałyśmy po pustych już blokach. Chowałyśmy się na drugie piętra prycz. A tam pies nie wlazł przecież (śmiech).

Nie chciałyście wyjść z obozu?

Starałyśmy się wyjść jak najpóźniej, żeby nie wyrzucili nas na słynną trasę śmierci. Trudno im było zabić wszystkich w obozie, więc dziesiątki tysięcy kobiet skierowali na tak zwane marsze śmierci. Kobiety szły trasą, którą także szły dalej na zachód kolumny żołnierzy niemieckich. Rosjanie ostrzeliwali ich z samolotów, a przy okazji ginęły one. Gdy na tej trasie któraś osłabła i usiadła albo padła przy drodze i nie mogła się ruszyć, to esesmani ją zabijali. I tam zginęło bardzo dużo starszych, chorych kobiet.

Skąd w obozie wiedziałyście o tej trasie śmierci?

Od kobiet, które pracowały w kantynie, a one od dozorczyń Niemek. Ta trasa jest upamiętniona do dzisiaj i nazywa się ją drogą śmierci.

Jaka to trasa?

Nie szłam nią. Szła nią moja koleżanka Marianna Janowska, na którą mówimy „Danusia". Gdy przyjechała do Ravensbrück z siostrami i z matką, miała czternaście lat. Po tygodniu pojechała do pracy w fabryce części do samolotów. Z fabryki wróciła do obozu w Sachsenhausen i stamtąd ruszyła w trasę śmierci przez miejscowości: Sommerfeld, Neuruppin, Herzsprung, Wittstock, Below, Massow, Parchim, Crivitz, Raben Steinfeld. Docelowo miały dojść do Hamburga, ale nigdy tam nie dotarły. Bo – jak mi mówiła Danusia – w pewnym momencie zaopiekowali się nimi żołnierze amerykańscy, dokarmiali je i ona po kilku miesiącach wróciła do Polski.

Nie zapomnę, jak ostatniego dnia pobytu w obozie grupka nas uciekała przed Niemcami, żeby nas nie znaleźli, żebyśmy pozostały jak najdłużej, i zdobyłyśmy kartofle i garnek. Postawiłyśmy je na tym jedynym piecyku w bloku i tak się gotowały. Ale dozorczynie w końcu nas dopadły i musiałyśmy zostawić te kartofle. A już się dogotowywały. Do dziś pamiętam te kartofle niezjedzone.

Czyli zabrakło kilku minut?

Tak, to były ostatnie chwile pobytu. Wychodziłam w ostatniej grupie młodych, zdrowych dziewczyn. Chciałyśmy wracać do Polski, a nie wyjeżdżać do Szwecji. Te, które chciały, mogły pojechać, bo z inicjatywy hrabiego Folke Bernadottego – zresztą w porozumieniu z Niemcami, bo jeszcze trwała wojna, był kwiecień 1945 roku – ze Szwecji przyjeżdżały po więźniarki białe autobusy oznaczone czerwonymi krzyżami.

Była to największa akcja humanitarna na terytorium Trzeciej Rzeszy w czasie II wojny światowej. Przeprowadził ją rząd neutralnej Szwecji i Szwedzki Czerwony Krzyż w obawie, że Hitler wyda rozkaz zamordowania więźniów obozów koncentracyjnych, zanim alianci wyzwolą obozy.

Początkowo to było podejrzane, nikt nie wierzył, że chodzi o wyjazd do Szwecji, tym bardziej że ciągle trwała wojna. Miałam okazję oglądać, jak przyjeżdżali. Na początku starali się stworzyć dokładne listy i wpływ na to miały więźniarki Polki, które pełniły funkcje w obozie. Potem dużo Polek pomagało wybierać kobiety, które mają wyjechać do Szwecji.

Pierwsze więźniarki nie bały się wyjeżdżać?

Może się i bały, ale jako pierwsze wypychało się kobiety chore. Dojeżdżały na miejsce, a po drodze przez okna wyrzucały kartki. Wiadomość, że wszystko jest OK, przyszła do nas do obozu dosyć szybko. Białe autobusy przyjeżdżały systematycznie, a później wielką grupę kobiet zabrano pociągiem i też spokojnie dojechały do Szwecji. Gdy już było wiadomo, że to nic złego, to potem więźniarki trochę same tym kierowały i wypychały przede wszystkim osoby najstarsze, najsłabsze i zmęczone psychicznie, i te w większości pojechały. I matki z dziećmi, bo po powstaniu warszawskim – jak Niemcy zgarniali kobiety z ulicy – dużo przyjechało matek z dziećmi, nawet z maleńkimi, kobiety w ciąży rodziły też w obozie.

Jest u nas w Klubie Kobiet Ravensbrück pani Stanisława Tkaczyk, która w marcu czy w kwietniu 1945 roku urodziła w obozie syna i z tym dzieckiem pojechała do Szwecji. Teraz widziałam jej zdjęcie z siwym panem i ona mówi: „A to właśnie ten syn” (śmiech).

Esesmani tolerowali dzieci?

Zależało, jaki esesman trafił się na dyżurze. Jeden od razu brał dziecko za nogi i zabijał o ścianę. Ale byli tacy, którzy nie zabijali.

Była pani świadkiem zabijania dziecka?

Nie, bo to odbywało się za zamkniętymi drzwiami. Świadkami mogły być osoby, które pracowały w szpitalu. Dowiadywałyśmy się z opowiadań. Dzieci, które wyszły ze szpitala, żyły dzięki pomocy więźniarek, a te kombinowały, kradły w kuchni, robiły zupki z mąką, żeby je wykarmić. I metodą selekcji: silniejsze – przeżyło, a słabsze – umierało. Ale dużo dzieci umarło, bo były niedożywione i zarażały się chorobami. Jednak pewna grupa przeżyła i z matkami wyjechały do Szwecji.

A ja nie chciałam jechać do Szwecji. Mówiłam: „A po co mi ta Szwecja? Czuję się dobrze, chcę wracać do Polski”. Nie chciałam zostać na Zachodzie, mimo że w Polsce nie miałam już bliskiej rodziny, a nie wiedziałam, kto żyje z dalszej. Jednak czułam, że chcę wracać nie do konkretnych ludzi, tylko do Polski.

Dlaczego?

No, patriotyczne uczucia. Naprawdę. Teraz już człowiek w tym patriotyzmie trochę ostygł. Chciałam zobaczyć Warszawę, mimo że nie miałam mieszkania i choć zdawałam sobie sprawę, że tam wszystko spalone. Jednak chciałam się przekonać, co będzie. Bo tęskniłam za Warszawą. Przecież do ostatniego momentu pracowałam w konspiracji, byłam ogromnie czynna. I ciągnęło mnie do Polski. Nawet się nie zastanawiałam, jak tam będę żyła, skoro nie mam właściwie nic i nikogo.

Z obozu wyszłam 28 kwietnia 1945 roku w ostatniej grupie dziewczyn najbardziej przedsiębiorczych.

Bo udało wam się przechytrzyć Niemców?

(Śmiech). Udało nam się zostać w obozie do końca i wyjść z komendantem. Uważałyśmy, że jesteśmy silne i pójdziemy do Polski. Z nami wyszła cała generalicja obozu: komendant – Fritz Suhren się nazywał – i wszystkie dozorczynie, i esesmani. Mieli wóz bez konia, cały załadowany swoimi rzeczami, a my na wierzchu posadziłyśmy koleżankę po tyfusie i pchałyśmy ten wóz.

Komendant i reszta esesmanów się nie bali?

Byli przerażeni, nie wiedzieli, co zrobić ze sobą (śmiech). Rozmawiali z więźniarkami, które znały niemiecki. Ja z nimi nie rozmawiałam, ale komendant coś mówił do Oli, choć raczej trzymał się z boku, widać było, że już jest zgubiony. Oni wiedzieli, że jest front i będą Anglicy, Amerykanie czy Francuzi, a z drugiej strony Rosjanie wchodzą im na kark. Chcieli uciekać na zachód i zaczęliśmy iść do Fürstenbergu. Ale my potem kierowałyśmy się na wschód, w stronę Polski, bo po dwóch dniach oni nas zostawili i w nocy uciekli, po prostu się zmyli. Rano patrzymy, a komendanta z dozorczyniami już nie ma. Ale zostawili ten wóz, a na nim były ubrania i jedzenie – te paczki z UNRRA przez nich kradzione, a przeznaczone dla nas. Obok drogi był lasek, zepchnęłyśmy wóz, na trawie rozścieliłyśmy szmatę, żeby był obrus, żeby było elegancko, i zabrałyśmy się do jedzenia. Żołnierze niemieccy uciekali i patrzyli na nas z przerażeniem jak na wariatki, bo pociski świstały po liściach, a my siedzimy i wcinamy (śmiech). Wołali na nas: „Mięso armatnie".

W drodze powrotnej już nie było mowy o głodzie, zastawałyśmy otwarte drzwi domów, widać było, że ludzie wstali od obiadu, i zawsze trafiło się na jakiś krupnik. Od śniadania odeszli i można było je kontynuować (śmiech). W tym czasie była panika, bałagan, wszyscy uciekali, każdy w inną stronę. Patrzyłyśmy, jak ci żołnierze niemieccy uciekają – takie rozsypane wojsko biegło brzegiem drogi, aż się kurzyło. Porzucali swoje oddziały, zawieszali broń na ramieniu i pędzili. Pamiętam dwóch, jacy byli przerażeni, wytrzasnęli skądś cywilne ubranie i przebrali się w krzakach. Kręcili się koło nas, ale nikt na nich nie doniósł.

Człowiek zresztą nie miał do tego głowy. Myślało się o tym, żeby samemu wybrnąć, uciec gdzieś, ale bawić się w donoszenie? Akurat ci żołnierze nie mieli z nami nic wspólnego, to dlaczego miałam ich wydawać? No, gdyby to był ktoś, kto pracował w obozie... Pamiętam, mówiło się, że Ukrainki ukręciły łeb Austriaczce.

Dozorczyni?

Nie, więźniarce, ale naprawdę była wredna. Była łączniczką między blokowymi a władzami obozu. Polka Korejwa też była taką łączniczką, ale ta była pozytywna. One w pewnym sensie były urzędniczkami. Te kobiety to były damy, często z arystokratycznych rodów, świetnie znały język niemiecki, odpowiadały Niemcom swoją pozycją, postawą, zachowaniem, Niemcy to cenili. Wiele z nich pochodziło z Pomorza Zachodniego. Korejwę faworyzowała naczelna dozorczyni Johanna Langefeld i z nią współpracowała. Korejwa zawsze była elegancka: biała bluzka, spódnica, mundurek jak spod igły. Codziennie spacerowała po obozie, była niezależna, bo miała kontakty z najwyższymi władzami, po apelach zdawała raporty. Te kobiety miały stanowiska i wpływ na władze obozowe. Nie wyobrażam sobie, żeby esesmani je uderzyli.

Przecież nasza hrabina Karolina Lanckorońska siedziała w Ravensbrück w separatce i miała zupełnie inne życie. Bo Niemcy w bunkrze izolowali osoby znane.

Karolina Lanckorońska w książce *Wspomnienia wojenne* pisze:

> Władza zaprowadziła mnie do celi, tylko zamiast pryczy stało łóżko zasłane czystą, białą pościelą, na stoliku leżała serwetka, a na niej stały kwiaty. Strażniczka zapytała: „Pięknie, prawda?". Zrozumiałam, że mam być zachwycona luksusami.

W odpowiedzi zapytałam, czy mogę położyć się do łóżka, ponieważ jestem chora. „Pani tu może robić, cokolwiek się pani podoba" – odpowiedziała Niemka z grzecznością, która po wszystkim, co widziałam w obozie, zrobiła na mnie przykre wrażenie. Poczułam, że trudno o rzecz bardziej bolesną od wyróżnienia w takiej sytuacji. [...]

Dostałam podwieczorek na tacy, a wieczorem kolację składającą się z dwóch dań bardzo smacznych, na białym fajansie. Za każdym razem strażniczka pytała, czy ma przynieść drugą porcję. [...]

Drzwi były jasne, dębowe, w tym samym kolorze łóżko, stolik i krzesło. Urządzenia higieniczne były automatyczne, ogrzewanie centralne. Otrzymywałam regularnie gazety niemieckie. Otrzymałam katalog książek biblioteki SS.

Dlatego chciała mieszkać w bloku. Przenieśli ją, ale na jej prośbę. W końcu zwolnili z obozu na skutek interwencji Włochów, a dokładnie włoskiej rodziny królewskiej. Takie rody miały powiązania na świecie i protekcje odgrywały rolę także w czasie wojny. Takim ludziom łatwiej było przeżyć, bo ich pochodzenie i nazwisko to marka.

No więc ta Austriaczka – olbrzymie babsko, mówili na nią „Turi" – wydawała Ukrainki, szykanowała, doprowadziła do tego, że Niemcy je pobili. Wiem, że Ukrainki szykowały się na nią. Jedni mówili, że Ukrainki wydały ją Rosjanom, ale inni, że one same ją załatwiły: udusiły czy powiesiły.

W obozie nikt nie zamierzał robić takich numerów, bo byłyby potworne represje. Za jedną babę cały obóz by cierpiał.

Jednak gdy zaczęłam wracać z obozu, to już mnie to wszystko nie interesowało.

Wie pan, nigdy nie miałam uczucia, że chodzę z chęcią zemsty.

Ale wiadomo, że gdy Armia Czerwona wyzwalała obóz, to pijani czerwonoarmiści gwałcili więźniarki.

I to jeszcze jak! Ale nie wszyscy i nie zawsze.

Rosyjski oficer uprzedził nas, żeby uważać na żołnierzy. Bo front kierował się w stronę obozu, a my w stronę Polski. Na początku nie zdawałyśmy sobie sprawy, że to front, bo ci żołnierze rosyjscy byli pijani i wygłodzeni, zobaczyli młode kobiety i się na nie rzucali. Ich władze przymykały na to oko i żołnierze gwałcili. Niemcy pracowali w obozie, bo mieli rozkaz, ale nie robili takich rzeczy. Żołnierze niemieccy uciekali i żaden na kobietę nie napadał, i nie gwałcił.

W nocy znalazłyśmy opuszczone mieszkanie, drzwi były otwarte, weszłyśmy, były trzy wyrka, więc stwierdziłyśmy, że można się przespać. Nagle wparowuje do nas Ruski w buciorach, jakiś dziki potwór, ale kompletnie pijany, i nic nie było, nie zaczepiał nas, tylko rzucił się na wolne łóżko i zasnął. Ta noc była do niczego, bo zamiast spać, siedziałyśmy cicho. Jednak trochę odpoczęłyśmy fizycznie. A rano zmyłyśmy się, nim on się obudził.

Ta podróż była deprymująca, mimo że człowiek się cieszył, że jest wolny. Bardziej bałyśmy się Rosjan niż Niemców, bo to była pijana dzicz. Trzeba było mieć trochę szczęścia, żeby wymigać się z tego interesu. My w osiem się wybroniłyśmy, akurat naszej grupie to się udało. Grupie Joanny Penson też się udało. Ale znałam kobiety – już dawno nie żyją – które Rosjanie napadali, wciągali w kąt i gwałcili. Oni hamulców żadnych nie mieli. Nie zabijali. Nie słyszałam, żeby którąś zamordowali. No, ale się zabawiali.

Po drodze opowiadała nam jedna z blokowych, że Rosjanie nie mieli wielkich sukcesów (śmiech). Nie była zachwycona, mówiła, że nie umieli zabrać się do tej rzeczy. Ale kobita była wiekowa, miała czterdzieści parę lat, i oceniła to jako przygodę. Starała się to zlekceważyć, zironizować, zbagatelizować, nie robiła dramatu.

Ale młode dziewczyny – bez doświadczenia – bardzo to przeżywały.

Jak wam się udawało, bo żołnierzy rosyjskich było przecież mnóstwo, a was w grupie – kilka?

Ale dużo było takich grup. Rozbijałyśmy się na mniejsze grupy, bo łatwiej było iść.

Pchałyśmy wóz po komendancie i dozorczyniach, a potem złapałyśmy konia ślepego na jedno oko, który biegał po ulicy.

Zwierzęta chodziły luzem, można było kurę zarżnąć i ugotować rosół.

Gdy szłyśmy w kilka, to mogłyśmy usiąść na wozie i podjechać. W dużej grupie zaraz by się kłóciły, byłyby problemy z wyżywieniem. W małej łatwiej było nam się ukryć.

Przedzierając się do Polski, spałyśmy raz w rowie, raz w stodole. Na szczęście był maj – ciepły, więc nie marzłyśmy. O tym, żeby spać w mieszkaniu, już nie było mowy, bo domy stały puste i bałyśmy się, że wpadnie banda i nas zamordują. Wolałyśmy spać gdzieś w otwartym miejscu. Stodoły okazały się dobre, to znaczy w naszym mniemaniu bezpieczniejsze. Najchętniej spałyśmy w stodołach, jak najdalej od tych Ruskich.

Do stodoły nie zaglądali?

Zaglądali, ale chowałyśmy się w sianie. Raz w stodole szarpałyśmy się z żołnierzami, ale miałyśmy szczęście, bo uciekli – o dziwo. Może jakieś głosy na zewnątrz ich przestraszyły. Może nasza reakcja, krzyki, awantura ich zniechęciły. A może byli niepewni i nie mieli za bardzo ochoty.

Rosjanie chętnie kradli. Mnie ukradli piękne buty. My się schowałyśmy, oni weszli do stodoły, splądrowali nasz wóz i rzuciły im się w oczy nowe, eleganckie półbuty. Specjalnie nie miałam ich na nogach, żeby nie zniszczyć w podróży. Szłam w byle jakich trepach, które znalazłam, myślałam, że dojdę do Warszawy i wyrzucę (śmiech). A te nowe były jak ulał. Dostałam je w prezencie od znajomej blokowej, gdy się z nią żegnałam, ona nie wróciła do Polski, poszła na zachód.

Polka?

Polka, Danuta Tulmacka. Prowadziła blok numer 9 – Czeszek z Lidic, wsi, którą Niemcy całą zniszczyli, mężczyzn rozstrzelali, a kobiety przywieźli do Ravensbrück. Mieszkałam jakiś czas w tym bloku i ponieważ Tulmacka wiedziała, że dobrze rysuję, to nieraz prosiła mnie: „Pomóż mi, bo męczy mnie dozorczyni, Niemcy tego potrzebują do czegoś, zrób tabelkę: ile jest kobiet danej narodowości, ile ubyło, ile zmarło". I ja w jej pokoju służbowym to rysowałam, bo lubiłam, a trochę dla rozrywki. Przy okazji mnie podkarmiała. Dała mi do zrozumienia, że nie należy o tym opowiadać. Podniecało mnie, że to tajemnica. Tulmacka nie była lubiana, trzymała się na uboczu, nie była zbyt kontaktowa. Więźniarki zarzucały jej, że jest podejrzana, bo dobrze żyje z dozorczynią bloku, że sobie siedzą i rozmawiają, a inne blokowe rozmawiają z dozorczyniami tylko służbowo. Ona rzeczywiście dobrze żyła z tą dozorczynią, ale dzięki temu dozorczyni nie czepiała się więźniarek, nie było awantur. Mnie traktowała opiekuńczo, bo byłam od niej dużo młodsza. I ją lubiłam, i byłam przekonana, że jest w porządku.

Po wojnie nie miałam z nią kontaktu, spotkałam jej wuja w Krakowie, ale on też nic o niej nie wiedział. I proszę sobie wyobrazić, że w 2003 roku wyszła obszerna książka *Das KZ Ravensbrück*, którą napisał Niemiec Bernhard Strebel. Przeglądam tę książkę i widzę, że posługiwał się takimi samymi tabelkami, a pod nimi jest jej nazwisko. Czyli autor miał z nią kontakt. Może to te moje tabelki? (Śmiech). Musiała to wynieść z obozu, nie mówiąc nikomu. Bo mimo że byłyśmy zaprzyjaźnione, to nie powiedziała mi, jakie ma plany. A ona mądrze zrobiła te zestawienia. Więc jasne, że jako blokowa musiała być w dobrej komitywie z dozorczynią, łagodziła ją i dozorczyni dawała jej spokój. Bo inne dozorczynie stale pilnowały, na przykład jak blokowe rozdają jedzenie. U Tulmackiej w dyżurce bywałam często, ale mnie kobiety się nie czepiały, że tam chodzę. Tak że zdumiałam się, gdy wzięłam tę książkę i patrzę: Tulmacka, Tulmacka, Tulmacka. Czyli to jej wykresy – proszę zobaczyć. Ona dobrze znała niemiecki i dzięki temu mogła wynieść tę dokumentację z obozu. Myślała dalekobieżnie (śmiech).

A mnie udało się przynieść z obozu do Polski taki staroświecki, złoty, kopertowy zegarek mojej koleżanki z liceum Zosi Świdwińskiej, która przyjechała do Ravensbrück po powstaniu warszawskim. Miała warkocz do ziemi i Niemcy nie obcięli jej tych włosów od razu. Potem się nie widywałyśmy, bo wywieźli ją poza obóz do pracy w zakładach zbrojeniowych. Zegarek ukrywałam jej w magazynie między belami materiałów. Bo było tak, że gdy do obozu przyjeżdżał transport kobiet, a potem rozbierano je i kontrolowano, to czasem, gdy stały w kolejce, udawało im się przekazać kosztowności koleżankom, które akurat tamtędy przechodziły. I te rzeczy im się przechowywało. Ale większości kobiet Niemcy wszystko zabierali i dobrze się obłowili.

W książce Steve'a Sem-Sandberga *Ravensbrück. O Milenie Jesenskiej* hiszpańska więźniarka Neus Català Pallejà wspomina, że Niemcy robili więźniarkom badania ginekologiczne, żeby znaleźć tak ukryte kosztowności.

Ja nie miałam takiego badania. Obmacywali tylko nasze ubrania. Ale my, więźniarki polityczne, pracowałyśmy w konspiracji i byłyśmy aresztowane poza domem, więc któraś mogła mieć przy sobie raptem pierścionek czy zegarek. Takie badanie esesmani mogli robić kobietom, które przyjechały po powstaniu warszawskim, bo większość z nich Niemcy zgarnęli z domów i one miały ze sobą kosztowności, i oczywiście je ukrywały.

Ten zegarek oddałam rodzicom Zosi, mieszkali w Warszawie na Pradze, i powiedziałam, żeby byli spokojni, bo ona żyje i wróci. Wróciła, wyszła za mąż, miała syna. Ale zginęła w wypadku. Jechała z synem, prowadziła i zrobiła manewr, dzięki któremu ochroniła syna, ale sama zginęła.

Wie pan, my z obozu szłyśmy pieszo dwadzieścia jeden dni, to była wielka wędrówka.

Pewnego dnia za Templinem Niemcy, cywile, z pomocą policji i żandarmerii chcieli nas zatrzymać do pracy w polu i w ogrodach.

Dlaczego?

Bo nie było ludzi do pracy. Przecież gdy szedł front, Niemcy opuszczali domy i uciekali. I nas chcieli wykorzystać jako siłę roboczą. Ale wykręciłyśmy się i nas puścili.

No i szło się, szło się, szło.

Po drodze dołączyli do nas dwaj mężczyźni, więźniowie Oświęcimia. Niemcy zdążyli wywieźć ich na zachód i też wracali do Polski. Ci panowie w opuszczonym gospodarstwie znaleźli nowy, większy wóz, dwa konie i dalej już nam pomagali. I wtedy Rosjanie troszkę ochłodli w swoich zamiarach (śmiech).

10 maja przeszliśmy mostem przez Odrę.

W Międzychodzie był pożar, bo wybuchła amunicja, w mieście było mało ludzi, ale buszowali Rosjanie. My chcieliśmy się gdzieś schować, poszliśmy na posterunek, gdzie byli polscy żołnierze, ale oni nas błagali, żebyśmy sobie poszli, bo jak będą nas bronić, to sami zginą. Zdawali sobie sprawę, że nas nie obronią, że wpadną Rosjanie i ich zastrzelą.

Dlaczego? Przecież Armia Czerwona to byli wyzwoliciele.

Bali się, bo już były takie układy, że Rosjanie to panowie życia i śmierci.

Wtedy wreszcie do nas dotarło, że u nas będzie fatalnie, bo Polacy mają mało do gadania i tak samo się boją, jak i my. Patrzyłam na tych polskich żołnierzy, którzy trzęśli portkami, i na wszędzie panoszących się Rosjan i pomyślałam: „Rany boskie, to kraj nadal zniewolony, tylko kto inny przyszedł".

Tak, to było poważne i wtedy po raz pierwszy serio pomyślałam: „Czy warto było z powrotem wejść w takie okoliczności i tu żyć?”. Ale nigdy nie chciałam wyjechać za granicę, chciałam wrócić do Polski.

15 maja przejechaliśmy dawną polską granicę koło wsi Sowia Góra. W Radogoszczy nocowaliśmy u gospodarza i zostawiliśmy mu wóz i konie. Rano 16 maja gospodarz odwiózł nas do Międzychodu na stację i pojechaliśmy pociągiem towarowym do Poznania. Nasi panowie z Auschwitz zaprosili nas do Częstochowy, bo tam mieszkali. Już nieduża grupka nas została: my cztery i oni dwaj. W Poznaniu na dworcu były takie tłumy, że do pociągu wchodziliśmy przez okno. W Częstochowie poszliśmy do jednego z nich, do tej jednej izby, radość była jego żony, zrobiła gar krupniku, chleb, no i wódka. Wódka to jednak jest u nas pierwsze danie (śmiech). A już w takich okolicznościach… No, myśmy sobie nieźle popili. Ona spała z mężem na łóżku, ten drugi facet przytulił się w kąt, bo nie mógł wyjść na własnych nogach, a my leżałyśmy pokotem na podłodze między piecem kuchennym a łóżkiem (śmiech). To były numery, wtedy człowiek żył niesamowicie. Ale po latach obozu nic nie było trudne, każda rzecz była dobra, byle tylko żyć.

W Częstochowie była okazja i poszliśmy do kościoła podziękować Bogu, że człowiek wrócił – mimo wszystko.

Na Jasną Górę?

Tak, tak, oczywiście. Wie pan, każdy dzień powrotu to było ukrywanie się i ucieczka przed Rosjanami. Bardziej bałam się żołnierzy rosyjskich niż esesmanów. Bo Niemcy działali na konkretny rozkaz. Gdy człowiek znalazł się akurat w tym kotle, to mu podlegał. Jeśli nie, to oni nie dotykali, bo nie było rozkazu. Więc to zupełnie inny typ człowieka, inna mentalność. A z Rosjanami nigdy nie było wiadomo, czego można się spodziewać, to byli ludzie absolutnie nieprzewidywalni.

Prawdę mówiąc, ja do dzisiaj boję się wojskowych. Nawet po wojnie, gdy jakiś wojskowy szedł ulicą, to uciekałam na drugą stronę.

Powrót z obozu do Polski pamiętam jako udrękę. Nie tyle fizyczną, ile psychiczną. I to uczucie, że wracam i nie wiem do czego, i co zrobić ze sobą, gdzie znaleźć jakiekolwiek oparcie. Psychicznie to było okropne. Z tego powrotu to zapamiętałam jako najgorsze.

Z Częstochowy usiłowałam dostać się do Ojrzanowa, bo tak się umówiłam z Joanną. Tam był majątek przyjaciół jej rodziców, dokąd oni wyjechali przed powstaniem warszawskim. Kolejką dojechałam do Niepokalanowa, tam był olbrzymi spęd uciekinierów z całego świata i w wielkiej sali można było przenocować. Pociąg do Grodziska Mazowieckiego miałam o czwartej rano i postanowiłam się przespać. Poszłam do tej sali, a tam można było się rozgościć najwyżej na deskach (śmiech). Nagle dostałam gorączki, byłam prawie nieprzytomna. Myślę, że to z wrażenia, z tych przeżyć. Ale jakoś tę noc przespałam, obudziłam się o czasie i szłam dwa kilometry do pociągu. Ile wtedy człowiek miał siły? Ile energii? Po dwudziestu dniach wędrówek. W Grodzisku pod kościołem zapytałam pierwszą lepszą osobę o Ojrzanów i o ten majątek i dowiedziałam się, że rodzice Joanny wyjechali do Łodzi.

21 maja 1945 roku dobrnęłam do Warszawy. W Czerwonym Krzyżu dostałam pół bochenka chleba i jakiś pieniądz. Powiedzieli mi, że na Krakowskim Przedmieściu są noclegi w budynku, na którym jest napisane: „*Res Sacra Miser*".

„Ubogi jest świętością" – na frontonie budynku Warszawskiego Towarzystwa Dobroczynności.

Dotarłam tam i mówię: „Przyszłam z dosyć daleka (śmiech). Nie mam co zrobić z sobą, ale muszę czegoś poszukać, czy mogę zostawić rzeczy?". A tam jakiś pan: „Proszę bardzo, niech pani stawia pod ścianą".

Myślę: „Pójdę tam, gdzie mieszkałam, kiedy mnie aresztowali w 1941 roku – na Chmielną". Poszłam, a tam ruina, dom wypalony od środka. Ale z przodu na murze było mnóstwo napisów i kartek. I ja tak idę, idę i patrzę, a tam ręką pani Zosi Chruścielewskiej napisane: „Dziś wróciłyśmy. Mieszkamy na Nowogrodzkiej". Myślałam, że zwariuję z radości! Ona miała tam znajomą dentystkę. Już zbliżał się wieczór, wszędzie pełno gruzu, wertepy i nie mogłam trafić z Chmielnej 27 – koło kina Atlantic – na Nowogrodzką.

A to kilkaset metrów.

Wszystko mi się już kręciło w głowie. Ale w końcu trafiłam, otworzyła mi moja niania Waleria i gdy je zobaczyłam, to po tylu latach po raz pierwszy się rozpłakałam. Puściło... Coś takiego nagłego...

Okazało się, że pani Chruścielewska z Walerią wróciły tego samego dnia do Warszawy z robót z Niemiec, z Magdeburga. Radość była duża, ale wiedziałam, że nie mogę tam zostać długo, bo dentystka miała małe mieszkanie, a już było u niej paru uciekinierów (śmiech). Wróciłam po plecak na Krakowskie Przedmieście, niania Waleria poszła ze mną, podziękowałam temu panu i więcej go w życiu nie widziałam, i nie wiem, jak się nazywał.

Myślę: „Muszę w Warszawie załatwić dokumenty". Bo miałam tylko zaświadczenie z Czerwonego Krzyża, że wróciłam z obozu.

W pierwszych dniach po wojnie łatwo było dostać dokumenty?

Jeśli chodzi o świadectwo urodzenia, to byłam chrzczona na Śląsku i tam napisałam, żeby mi przysłali. A świadectwo maturalne dostałam od ręki w kancelarii swojego Liceum imienia Królowej Jadwigi. Pani Józefkowiczowa, sekretarka, nadal urzędowała.

Liceum przetrwało wojnę?

Niestety, moje ukochane liceum było częściowo zniszczone, i już nie wróciła tam szkoła, czego nie mogę przeboleć, to był najpiękniejszy gmach w Warszawie na placu Trzech Krzyży.

Z Warszawy skontaktowałam się z moją ciotką Ireną Gniazdowską, o której się dowiedziałam od przygodnych ludzi po drodze z obozu, że żyje i z mężem lekarzem – dyrektorem szpitala – mieszkają w Chełmie. Pojechałam do nich się ocknąć. To był jedyny ustabilizowany dom.

Czym pani jechała z Warszawy do Chełma?

Pociągiem – otwartą węglarką. Dobrze, że był maj, nie było zimno i nie padał deszcz. Tobołek miałam na plecach, stałam i byłam szczęśliwa, że jadę.

U ciotki w Chełmie byłam dwa letnie miesiące. To był normalny dom, normalni ludzie, normalne życie. Jadłam porządne śniadania, obiady i kolacje. Strasznie dużo podjadałam. Nie mogłam się opanować. W kredensie zawsze stał biały ser. I ja po cichu, gdy nikt nie widział, co chwilę zjadałam kawałek. Myślałam: „Może zaraz coś się stanie i nie będę miała co jeść?".

W międzyczasie pełna energii pojechałam do Krakowa i złożyłam papierek na studia. Zdawało mi się, że nic nie umiem, bo po tych pięciu latach głowę miałam wyjałowioną i pustą. Jednak egzamin był łatwy i zdałam celująco, aczkolwiek na tę medycynę zdawało pięćset osób, bo to z pięciu lat wojennych.

Dlaczego po wojnie nie wróciła pani do pomysłu studiowania dziennikarstwa?

W obozie postanowiłam, że medycyna. Przez moje przeżycia obozowe i obserwacje ludzi i ich nieszczęść poczułam chęć zajmowania się chorymi. Ze śmiercią non stop się spotykałam, a nie byłam w stanie w niczym pomóc. Bo inne osoby miały fach, pracowały w szpitalu obozowym jako pielęgniarki i lekarze i mogły pomóc. A ja nie, bo inaczej układała mi się praca w obozie. Poza tym więźniarki, które znały język niemiecki, dostawały lepszą pracę. Bo nie wymagało języka przerzucanie cegieł ze statku czy wywożenie gówienek.

Jednak przecież już w czasie okupacji interesowałam się medycyną i w 1940 roku chodziłam na wykłady, ale niewiele, bo tak byłam zajęta konspiracją. Ale z obozu wychodziłam już zdecydowana na medycynę. Uważałam, że będę mogła dać ludziom coś z siebie, wreszcie im pomóc. I od razu po wojnie, w 1945 roku, zaczęłam studiować na Uniwersytecie Jagiellońskim.

Na studia do Krakowa pojechałam za sprawą Oli Steuer, o której już opowiadałam. Ola wiedziała, że całą jej rodzinę Niemcy zabili w Płaszowie, więc ona też wracała ze świadomością, że nie ma ani rodziny, ani mieszkania. Jednak chciała wrócić do Krakowa i ze mną wracała z obozu. W Krakowie od razu zaczęła pracować w Związku Więźniów, bo już powstał w maju 1945 roku. Dostała od nich, można szumnie powiedzieć, mieszkanie: pokoik z przedpokoikiem i z komórką, która była kuchnią, bez łazienki, z ubikacją na zewnątrz. I napisała do mnie: „Przyjeżdżaj".

Zaczęłam studiować i to była makabra. Strasznie trudno było się uczyć. Po pierwszym roku miałam poprawkę z matematyki (śmiech). Ale później było coraz lepiej, bo mózg się gimnastykował.

Obóz spowodował spustoszenie głowy?

Oczywiście, z nauką nie miałam do czynienia przez pięć lat. To było uczucie, jakbym straciła pamięć. Albo nie miała możliwości koncentracji. Czytałam i za chwilę nic nie pamiętałam. To była u ludzi sprawa powszechna. Po pierwsze: żadnego kontaktu z lekturą. Po drugie: głód. To nie było sanatorium (śmiech).

Po wojnie długo czułam strach przed głodem. Gdy po wakacjach u ciotki w Chełmie pojechałam na studia do Krakowa, to jedyny raz w życiu ważyłam sześćdziesiąt dwa kilo.

Nieźle, po trzydziestu ośmiu kilogramach obozowych.

Jednak zaraz schudłam do pięćdziesięciu kilo. Bo na studiach nie miałam co jeść i jadłam to samo, co w obozie – marmoladę z buraków (śmiech).

Ale moja niania w czasie wojny uratowała sygnet i złotą bransoletkę mojej mamy, srebrną cukiernicę i sztućce i ja to sprzedałam na jedzenie. Waleria z panią Chruścielewską miały kontakty z jedną panią z Czerwonego Krzyża, dzięki której odzyskałam te rzeczy, bo to ona je przechowała. A sygnet mojej mamy – wydaje mi się – Walercia powiozła ze sobą nawet na roboty do Niemiec.

1946 rok

Wie pan, znalazłam list, proszę przeczytać, pisałam go u ciotki w Chełmie w lipcu 1945 roku, czyli bezpośrednio po wojnie i pod jej dużym wrażeniem. To uwagi na temat życia. Trochę rozważania filozoficzne (śmiech). Strasznie poważne. Bo pytał pan, czy w działalności konspiracyjnej były sytuacje humorystyczne. Zastanawiałam się nad tym i stwierdziłam, że my wszystko traktowaliśmy cholernie poważnie, że to zobowiązanie wobec ojczyzny. I z tego nikt nie robił sobie kawałów. Na służbie humoru było mało i nie przypominam sobie sytuacji zabawnych. Ale nie było też tak, że non stop patos – człowiek nie chodził cały czas ponury. Były akcenty lżejsze: ktoś opowiedział kawał, były czyjeś imieniny, było podkochiwanie się, każda z nas miała mniejszą lub większą sympatię. Z Adamem przecież chodziłam. Ludzie wyobrażają sobie, że w konspiracji od świtu do nocy panowała żałoba. Owszem, ginęli ludzie, były wpadki, lecz nie można było z tego robić sobie wiecznej traumy.

Do kogo pisała pani ten list, bo zaczyna się od słów: „Tadziku drogi"?

Do przyjaciela. Mieliśmy po piętnaście lat, gdy się poznaliśmy w Krynicy w pensjonacie, który prowadziła moja ciotka Irena. On mieszkał w Krakowie, jego ojciec był muzykiem i przyjeżdżali tam na wakacje. Przed wojną korespondowaliśmy ze sobą.

Gdy byłam w obozie, ożenił się, bo był chłopak honorowy – kobieta zaszła w ciążę. Mieli z żoną wspólną pasję i, zdaje się, to ich najbardziej łączyło – po nocach grali w brydża.

Na mnie postawił krzyżyk, bo nie brałam go pod uwagę jako przyszłego męża. Przypuszczam, że się we mnie podkochiwał. Gdy się znalazłam w Krakowie, to się z nim znów zaczęłam widywać. Chciał się rozwieść z żoną. A w Związku Więźniów pracował adwokat Siennicki, mówię Tadkowi: „Zaprotegują cię do Siennickiego". Poszedł, okazało się, że Siennicki był znajomym jego żony i jej wszystko powtórzył. I skończyło się bohaterstwo Tadzika.

W Warszawie widywałam się z nim rzadko. Potem nic mnie z nim nie łączyło, wyszłam za mąż, pracowałam, wpadłam w wir życia.

Gdy to pisałam po wojnie, ogarnęły mnie sentymenty, chciałam to spisać w formie listu. Wygodniej mi było skierować te słowa do kogoś.

Tego listu nigdy mu pani nie wysłała?

Nigdy. Forma listu była poręczna. Gdy człowiek coś pisze, woli mieć adres.

Tadziku drogi!

Cofam się i spoglądam na godziny życia, które nie było życiem. Pozostań przy mnie, chcę, byś mi w tej wędrówce towarzyszył, posłuchaj! To było dawno, rok 1941, a może to przed wiekami. Wiem, że marzec pachniał wiosną i tajały śniegi. Dla mnie nie istniała w te dni ani wiosna, ani słońce. Noc i dzień zlewały się w jeden okres niezmożonej, wytężonej pracy. Przed nami wizja przyszłości, w myślach jedyny cel – niepodległość, wyzwolenie. Dwa wielkie słowa, które u mnie nie były frazesem. Chowałam je w sercu, hołubiłam jak świętość i wierzyłam, że moja praca przyniesie spełnienie. Pamiętam dzień, kiedy przysięgałam – dzień, który uczynił mnie żołnierzem. I nie złamałam przysięgi, nie zdradziłam sprawy. Dobrze wiedziałam, że żadna siła ludzka nie wyrwie mi z duszy tego, co kocham. Zapamiętałam się w pracy, o sobie myślałam tylko w odniesieniu do swych zajęć. Nie czułam lęku przed nieznanym jutrem, najpiękniejsze dnie w moim życiu, pełne zapału i beztroski, dnie, w których śmiałam się w twarz Niemcom, przenosząc broń, ulotki, meldunki, mapy, cudowne noce prześlęczane nad planami wojskowymi. Mrówcza, gorączkowa, podziemna praca. Temu mojemu drugiemu życiu ofiarowałam wszystko, cały swój wysiłek, energię, siebie…

Przypominam sobie dokładnie, jakby to było wczoraj, serce zawsze tak spokojne zatrzepotało nagle jak ptak. Przystanęłam na chwilę zdumiona, skąd wziął się nagle niepokój? Zgniewałam się na siebie, stwierdziłam, że to histeria nie na miejscu i że nerwy mam trochę nie w porządku. Nikomu nie zwierzyłam się ze swego niepokoju. Tak mijał drugi, trzeci, czwarty dzień, wiedziałam już, że coś się stanie, wiedziałam, że coś się w moim życiu kończy… Czułam po raz pierwszy zmęczenie, coraz częściej zapadałam myślą w przeszłość, z życiem robiłam obrachunki i wtedy napisałam do Ciebie ostatni list, Tadziku – było mi Ciebie brak, tęskniłam za Tobą. W przeczuciu zasadniczych zmian chciałam, byś o tym wiedział. Czułam, że grunt mi się pali pod nogami, jakiś niewidzialny krąg zdarzeń, przeznaczeń zacieśnia się naokoło mnie, i instynktownie wyciągnęłam ręce w Twoją stronę. Wtedy po raz pierwszy uwierzyłam, że w Twych ramionach odnalazłabym spokój i uciszenie...

Tak minął tydzień, a potem wyciągnięta lufa rewolweru przypomniała mi, jak nieważne jest życie ludzkie. W mózgu pozostała jedna myśl: więc to koniec, ale koniec czego, życia w ogóle czy dotychczasowej egzystencji – nad tym się nie zastanawiałam. Wpatrzona we wnętrze rewolwerowej lufy wiedziałam, że odwraca się moja karta, uleciał niepokój, wszak źródłem jego jest zawsze niewiedza, nieświadomość, a ja już poznałam, przejrzały moje niewidzące oczy, walił się w gruzy cały wielki świat, usta powtarzały bezwiednie, że to, co było do dziś, nie będzie już. Wypełniła się dusza spokojem oczekiwania na przeznaczenie.

Musiałam być na wysokości zadania, możliwie uratować sytuację, a przede wszystkim nie dopuścić, by ktoś inny z mojego powodu ucierpiał. Dziś, gdy patrzę na te chwile, nie mogę sobie zbyt wiele zarzucić, zachowałam przytomność umysłu. Robiąc bilans życiowy, w tej rubryce śmiało mogę sobie postawić znak plus.

Wtedy to zetknęłam się po raz pierwszy z mężczyzną w innej niż dotychczas sytuacji, poznałam przeciwnika o silnej pięści, pewnego siebie, dla którego nie istnieje kobieta jako taka. Tak, Tadziku, mężczyzna potrafi pięknie całować, ale bić potrafi także, bezlitośnie. Ten pierwszy policzek wymierzony ręką mężczyzny pozostawił ślad i wymazał nagle z mej pamięci wszystko dobre, czego kiedykolwiek od mężczyzny doświadczyłam. Od tej chwili przez długie lata miałam już tylko do czynienia z takimi, co bili, lub z takimi, którzy byli bici... Gorzki pocałunek męskiej pięści przypieczętował koniec mej wolności.

Dziś ledwie sobie to przypominam, jak zeszłam po schodach, wsiadłam do małego auta, które skierowało się w stronę Pawiaka. Kiedy skręcaliśmy w plac Teatralny, promień słońca zachodzącego uderzył o szyby i zaświecił w oczy, „ostatni raz" – przemknęło mi przez mózg i wtedy pomyślałam sobie właśnie, że marzec pachnie wiosną i tają śniegi, ale dla mnie nie ma już marca, wiosny, śniegu, dla mnie kończy się świat.

To była ostatnia myśl człowieka wolnego. Nad żelazną, wielką, więzienną bramą śmiało widnieć mógłby napis znad bram piekielnych – porzućcie wszelkie nadzieje, którzy tu wchodzicie. Mocne, grube kraty pilnie strzegą bolesnego wnętrza. Trzask głuchy zamykanej za nami bramy głośnym odbił się echem w moim sercu, zabrzmiał jak dzwon alarmowy.

Rodzi się w człowieku dziki protest, instynktem samozachowawczym chce się bronić, wyrwać, myśli wirują jak szalone, zbuntowane trzepocą się bezradnie. Dlaczego się nie bronię, dlaczego pozwalam się prowadzić jak ogłupiałe, bezwolne zwierzę, sama nie wiem. Przygotowana jestem na to, że godziny mego życia są policzone, a jednak z własnej woli nie chcę tego życia skracać i nie żyć, choćby życie to było tylko parodniową męką, dlaczego? Może dlatego, że gdzieś w duszy tkwi myśl najtajniejsza: a może stanie się cud, może wolno mi będzie żyć – dlatego pozwalam prowadzić się do zakratowanego domu. Nie – źle mówię, słowo „dom" powinno łączyć się z czymś bliskim, kochanym, drogim. Zakratowane okna należą do budynku, który służy do odbierania ludziom resztek człowieczeństwa.

Przez tyle lat życia nie zastanawiałam się nigdy nad tym, jak bardzo jestem do niego przywiązana, jak niezmiernie go cenię, po prostu żyłam, korzystałam z wszystkich trudów, ale i przywilejów życia, uważałam za naturalne, że urodziłam się, więc egzystuję. Teraz musiałam zacząć walkę o życie, walkę tym trudniejszą, że musiała być honorowa i nie mogła być wygrana cudzym kosztem. Byli i tacy, którzy za każdą cenę chcieli przetrwać, ja nigdy nie dopuściłam nawet takiej myśli do siebie, a mimo to uważam, że w dużej mierze sobie zawdzięczam także to, że zwyciężyłam.

Otworzyły się przede mną bramy „kancelarii" więziennej. Szybko zadawane pytania, krzyki, wyzwiska, wszystko to sprawiło wrażenie źle granej sztuki teatralnej albo marnego filmu. Patrzyłam i czułam się raczej widzem niż aktorem, właściwie nie mogłam sobie zdać sprawy, że to ja jestem jedną z głównych „bohaterek" tego spektaklu, który tu się rozgrywał. Po raz pierwszy w życiu otoczyłam się nieprzepuszczalną powłoką, po prostu nie czułam nic, machinalnie odpowiadałam na pytania, mózg pracował sprawnie, ale serce – zdawać by się mogło – było bez kropli krwi.

Aresztowali nas wtedy około dwudziestu osób, obława udała się, esesmani, zadowoleni z połowu, czując się niemal jak bohaterzy, porozwalani na krzesłach, podrywali się od czasu do czasu, by którąś z „ofiar" zdzielić po pysku, ewentualnie użyć jej jako piłki nożnej, zapewne z tęsknoty za tym sportem.

Syci chwały być może zapomnieli na nasze szczęście o pewnych szczegółach, przeoczyli je. Uważam to za niezwykłą opatrzność bożą, ale naprawdę ich „wspaniałym" humorom zawdzięczam na pewno po części to, że dziś mogę pisać do Ciebie. Jeden z nich był tylko niezwykle czynny i ruchliwy, ten wiedział, że należy kuć żelazo, póki gorące, biegał nerwowo, zbierał zeznania i już obierał odpowiednią taktykę. On wiedział, że z „polskimi fanatykami" to gorzej niż z umysłowo chorymi, trzeba używać nie lada podstępów.

Była już ciemna noc, gdy młody strażnik więzienny (Polak) wyprowadził mnie z kancelarii mieszczącej się na męskim oddziale Pawiaka. Szliśmy do tak zwanej Serbii, gdzie siedziały kobiety. Jeszcze parę kroków, głęboki wdech świeżego powietrza, spojrzenie w dalekie gwiazdy, a potem upadek prosto z gwiazd w jak najbardziej przyziemne krainy. Jakaś strażniczka, również Polka (wtedy były tam na tych funkcjach na szczęście same Polki), zaprowadziła mnie do celi przejściowej i zatrzasnęła drzwi. Kamienna posadzka, wilgotne ściany i prycze zbite z desek, więc można żyć, pomyślałam, i z serca zaklęłam serdecznie – po tym zrobiło mi się od razu lepiej. Niejednokrotnie później w swej „kryminalnej" karierze używałam tego sposobu, który zawsze okazywał się bardzo skuteczny.

Od tej chwili stałam się więziennym przestępcą. Strażniczki więzienne przyzwyczajone do nieco innej „klienteli" traktowały nas, przynajmniej początkowo, na równi ze złodziejkami, prostytutkami.

Nie przeczę, że były wśród nich i porządne dziewczęta, które wiele dobrego dla nas zrobiły i nieraz z największym poświęceniem i narażeniem niosły pomoc. Przyzwyczajone jednak do obcowania z najczarniejszymi typami odnosiły się do człowieka jak do najprawdziwszego przestępcy z krwi i kości.

Pierwsza noc... W ciemności na wyciągniętej dłoni połyskuje mój skarb, którego przy pierwszej rewizji nie dostrzeżono, przyjaciel nieodstępny, mała szklana fiolka – cyjanek.

Dobry, kochany przyjacielu, co mam czynić, czy za Twoim pośrednictwem nie przespacerować się na tamten świat, czy jeszcze może czas?

Ciemna noc nie chce odpowiedzieć na moje pytanie, a ma fiolka błyszczy zagadkowo wśród ciemności.

Nie chcę umierać. Wtedy wydawało mi się, że tylko parę chwil dzieli mnie od śmierci, że przyjdzie ona i tak nieodwołalnie, nie chciałam pozbawiać się sama tych ostatnich momentów życia, choć nie wiedziałam, jak wiele przyjdzie mi przeżyć. Byłam albo zbyt wielkim tchórzem wobec śmierci, albo zbyt odważna wobec życia, i poza tym gdzieś na dnie serca głupia nadzieja.

Przywołałam wszystkie dobre duchy i z pasją zgniotłam na miazgę buteleczkę.

Nie poddałam się jeszcze, prężę się w sobie, natężam siły, muszę być silna, chcę zwyciężyć.

Rzucam się z motyką na słońce, pocieszam się tylko, że od czasu do czasu bywają zaćmienia.

Naprawdę miała pani cyjanek?

Tak. Po złożeniu przysięgi żołnierskiej dostałam cyjanek od Marii Strońskiej. W konspiracji każdy dostawał taką szklaną ampułkę z płynem. Zawsze nosiłam ją przy sobie.

W jakiej sytuacji by go pani użyła?

W razie wpadki, kiedy człowiek czuł, że może się wygadać.

A dlaczego zniszczyła pani tę ampułkę?

Miałam szczęście, że nie przechodziłyśmy ciężkich przesłuchań. Ale w czasie wojny były przypadki, że wykorzystywano cyjanek.

Pamiętam, gdy siedziałyśmy na Pawiaku, to szefowa ludowców próbowała się otruć, ale jej się nie udało. Jej ampułka zwietrzała.

Dlaczego ten list urywa się tak szybko i nic nie napisała pani o obozie?

Wie pan, już nie miałam ochoty. Gdyby człowiek odtwarzał i pamiętał wszystko, toby zwariował.

Opowiem panu pewną historię. Gdy wiosną 1940 roku zamieszkałam na Chmielnej koło kina Atlantic, to na tej ulicy dużo mieszkało i przebywało prostytutek. Zawsze można było je spotkać w bramie. Mam bardzo dobre zdanie o prostytutkach. To były ludzkie kobiety. Koleżeńskie, dla wszystkich miłe, nie w celach konkretnych, tylko po prostu pocieszały, zachowywały się *fair*. I gdy w 1941 roku wpadłam za konspirację, i trafiłam na Pawiak, to spotkałam tam cztery z tych pań z Chmielnej. Okazało się, że Niemcy w tym samym czasie je aresztowali. Jedna była już nie najmłodsza, mówiła, że miała męża, dwoje dzieci, ale było ciężko i musiała dorobić. One pojechały z nami do Ravensbrück naszym transportem specjalnym i do końca wojny siedziały z nami, i figurowały jako więźniarki polityczne.

Dlaczego polityczne?

Polityczne, bo wystąpiły przeciwko Niemcom ręcznie (śmiech). Po prostu pobiły się z Niemcami. Nie chcieli im zapłacić i one coś im podkradły.

Daj Boże, żeby wszystkie koleżanki w obozie były tak uczynne i serdeczne jak one. W obozie przekonałam się, że prostytutki okazały się lepsze od osób z tak zwanych wyższych sfer. To te z wyższych sfer kradły koleżankom jedzenie, naczynia, wywoływały nieporozumienia, kłótnie, płakały, że muszą stać na apelu, były zawistne. Ujawniały się w nich cechy i zachowania, których człowiek by się nie spodziewał. A prostytutki jako towarzyszki nieszczęścia zachowywały się nienagannie.

A czy więźniarki z Ravensbrück wyjeżdżały do obozów męskich, żeby tam pracować jako prostytutki?

Tak, była rekrutacja do domów publicznych. Kobiety się zgłaszały, urzędnicy je rejestrowali i wysyłali do obozów męskich. Ale wyjeżdżały tylko te, które chciały. Jechały na własne życzenie. Nie słyszałam, żeby którąś zmuszono. Niemcy im obiecywali, że będą pracować w dobrych warunkach.

Polki zgłosiły się pojedyncze. Żadna z moich znajomych nie zgłosiła się do tej pracy. Nasze prostytutki z Chmielnej do końca były w obozie i nie wybierały się do takiej pracy. Pracowały na terenie obozu jako szwaczki.

Przy was rzeczywiście stały się więźniarkami politycznymi?

No tak, i wiem, że po wojnie zmieniły zawód. Joanna Penson spotkała po wojnie jedną z nich w Gdańsku. Ta kobieta wyszła za mąż, miała dziecko i prosiła, żeby jej przeszłość została tajemnicą. I została.

Moje doświadczenia życiowe pokazały mi, że nie można oceniać ludzi powierzchownie, po warunkach, w jakich żyją, czy po zawodzie, który wykonują (śmiech). Nie można ludzi dyskredytować czy skreślać, bo nie wiadomo, co ich do tego doprowadziło. Dlatego jestem tolerancyjna, jeśli chodzi o ocenę ludzi. Bo to, jaki człowiek jest, wychodzi w sytuacjach tragicznych.

Wie pan, ja przez wiele lat z nikim nie rozmawiałam o obozie, nie interesowałam się tematem obozu, nic nie czytałam, odseparowałam się, żeby zapomnieć. Może gdybym po wojnie chciała napisać książkę, tobym wyciągała szczegóły, konfrontowała się z nimi, ale ja chciałam to wszystko odsunąć na zawsze. Nie należę do osób rozpamiętujących przykre rzeczy i nie chciałam sobie przypominać. Chciałam, żeby to się zatarło w pamięci.

A psychika sama nie przywołuje wspomnień?

Jednak można to wyćwiczyć. Zamiast rozpamiętywać, znajdywać inne zajęcia. Może trzeba mieć taki charakter, ja od dziecka potrafiłam eliminować trudne myśli. Wieczorem myślałam: „O tym pomyślę jutro, co będę sobie dziś głowę zawracać, prześpię się". Do dzisiaj potrafię zlikwidować nieprzyjemne myśli. Mówię: „Na razie". Potem: „Jeszcze nie teraz". A są ludzie, którzy zagłębiają się w nieszczęścia, każdy moment i każdą minę człowieka rozbierają na części pierwsze. Ja tłumaczę sobie, że to nie takie okropne, że nie ma co wspominać. I widzę, jak zmienia się we mnie podejście do zagadnienia – że nie warto się przejmować.

Czy zobojętnienie nie może być negatywne?

Ale czy ja mam całe życie się umartwiać? Codziennie rano przypominać sobie, co się stało, i z tego powodu źle się czuć? Broń Boże. Tak się stało, trudno, nie będzie inaczej.

Mówią mi: „Ty zawsze w dobrym humorze". Odpowiadam: „Jak każdy śmiertelnik miewałam przykre sytuacje. A co to, wszystko udawało mi się w życiu? Wszyscy chłopcy mnie kochali? Nie".

Wróćmy do tego, że przez wiele lat nie chciała pani mówić o obozie, bo to był temat nieprzyjemny.

Powiem panu, że przez lata nie chciałam nawet działać w społeczności obozowej, bo kontakt z byłymi więźniami był dla mnie destrukcyjny. Świadomie nie chciałam mieć z tymi ludźmi do czynienia, żeby mi to nie przypominało obozu, żeby tę sprawę całkowicie odstawić. Po latach doszłam do takiego stanu, że mnie to już nie poruszało, tak jak nie porusza mnie wyjazd do obozu, traktuję to jak wycieczkę, bo tam jest ładne jezioro. I patrzę na krematorium całkowicie obojętnie. Kiedy minęło dużo czasu i już mnie to nie obchodziło, to zaczęłam rozmawiać z koleżankami jak ze znajomymi, które nie mają nic wspólnego z obozem.

Dlaczego chciała pani odciąć się od towarzystwa obozowego?

Bo to towarzystwo już mnie dość zmierziło przez cztery lata w obozie.

Gdy pan śpi w tłumie, jeśli pan nie może pójść do ubikacji, żeby ktoś nie patrzył, jak pan pięć godzin stoi na apelu i przez cztery lata widzi te same plecy tych samych ludzi, no, panie, to wystarczy! Chce pan tych ludzi już więcej nie widzieć.

Kiedy po obozie to pani poczuła?

Od razu. Chciałam zająć się nauką. Jak mówiłam, podczas studiów w Krakowie mieszkałam u Oli, ale poczułam się dobrze dopiero, gdy ona w połowie mojego pobytu wyprowadziła się do narzeczonego. Do końca studiów mieszkałam sama i to było moje największe szczęście.

A gdy mieszkałyście razem?

Tematu obozu było mało. W Związku Więźniów w Krakowie miałam kolegów po Oświęcimiu i koleżanki po Ravensbrück. Gdy było coś do zjedzenia i gdy była wóda, to się spotykaliśmy, ale zawsze zaczynała się rozmowa o obozie. Chłopcy zaczynali wspominać i tak się człowiek rozkręcał, a przy okazji wychylał kielicha. Nie była to orgia, ale dobre popijanie. Nie najlepsza metoda. To było tylko psychiczne nakręcanie się. Dzięki Bogu, nie bardzo długo, tylko pierwszy rok.

Na smutno?

Na wisielczo. Pan wie, jak jest: ludzie się spotykają i mają wspomnienia z obozu – że strzelali, że wieszali, że ludzie umierali. „A ja to ciężko pracowałem". „A mój kolega to umarł na moich rękach". I wypijamy kielicha. A wtedy już gada się głupoty. Pamiętam incydent, że chłopcy nalali mi kieliszek spirytusu, ja o tym nie wiedziałam, chlusnęłam i myślałam, że się uduszę.

Gdy zaczynaliśmy mówić o obozach, od razu piło się wódkę. Okropną gołdę, jakąś perłę, coś strasznego. Żeby stworzyć inną atmosferę.

Żeby utopić temat?

Utopić.

Upijaliście się i płakaliście?

Staraliśmy się nie płakać. Te wspomnienia nie budowały człowieka, tylko go rozkładały – w połączeniu z tą wódką.

Poza tym – jaka wtedy była rzeczywistość? Stalinizm. Żadne z nas w Związku Więźniów nie napisało w kwestionariuszu, za co naprawdę byliśmy aresztowani w czasie wojny. Mówiło się, że ulotkę człowiek znalazł. Dopiero po wielu latach, za późnego Gierka, ludzie zaczęli mówić, co naprawdę robili w konspiracji. Bo przecież ci, którzy po wojnie się odkryli, ilu z nich potem siedziało, ile lat byli na Syberii? Mam znajomych, którzy najpierw siedzieli w obozie, a po wojnie po pięć, sześć lat w Rosji. Nie wolno było nic powiedzieć. Zwłaszcza nie można było się przyznać do Armii Krajowej, bo to była organizacja wroga Związkowi Radzieckiemu.

Ale to picie wódki i te spotkania się rozmyły, bo wciągała nas nauka, chęć zaliczenia wszystkiego jak najprędzej. Świat się rozkręcał, chciałam poznać nowych ludzi i żyć nowym życiem.

Ile lat te wspomnienia pozostawały zakopane?

Zaczęłam zbliżać się do nich w latach osiemdziesiątych. Gdy zaczynała się Solidarność. W 1985 roku już udzielałam się trochę w Klubie Kobiet Ravensbrück i miałam bliższe kontakty z koleżankami, chodziłam na zebrania, wyjeżdżałam do Niemiec. Niemcy przysyłali nam paczki z odzieżą i jedzeniem, rozdawałam je i na dobre się włączyłam. Moja poprzedniczka, przewodnicząca klubu, źle się czuła, prosiła mnie o pomoc, o zastępstwa, aż po niej zajęłam się klubem i tak jest do dzisiaj.

Czyli od roku 1950 do 1980 nie miała pani nic wspólnego z tematem obozu?

Prawie nie. Zajmowałam się głównie pracą i czasu nie miałam na nic. Przez te lata popadłam w pewną obojętność. Moje koleżanki obozowe – niektóre – one co roku muszą jechać do Ravensbrück. Chore by były, gdyby nie pojechały. W obozie byłam wiele razy i musiałam przemawiać. Ale teraz, gdy spotkam osobę, która też tam była, to nie porozmawiam o obozie, za nic na świecie. A one w tym się pławią do dziś. Ja, owszem, mam spotkania w szkołach, lecz traktuję to jak dydaktykę, przekazanie młodzieży historii, tak jakby mnie ona osobiście nie dotyczyła. Uważam za słuszne, że młodzież powinna coś wiedzieć, bo przez długie lata PRL-u nie było porządnego przekazu, więc ja im teraz przekazuję, ale nie mam tendencji, żeby koloryzować. Mówię prawdę: były trudne warunki, był głód, ciężko pracowałam, cały dzień przerzucałam cegły. Niestety, niektóre kobiety lubują się w przedstawianiu tego jako wiecznej grozy.

Koleżanka mówiła mi niedawno, że dwie nasze znajome opowiadały jej, że w obozie stale dostawały po głowie, ale honor nie pozwalał im pracować, bo w obozie był przymus. Na co ona je zapytała: „A gdy pojechałyście do zakładów zbrojeniowych produkować broń i bomby, to wtedy honor pozwalał wam pracować?".

Niektóre kobiety po latach opowiadają takie rzeczy na pokaz.

W zakładach zbrojeniowych był większy nacisk i kontrola. W obozie kobiety mogły się obijać, bo przymus był mniejszy. W obozie dla zbrojenia nie pracowałyśmy. Zresztą większość zajęć w obozie wykonywałyśmy dla siebie nawzajem, a nie dla Niemców. Jednak każda praca była przymusowa, bo jeśli w miejscu pracy siedziałyśmy po dwanaście godzin, to musiałyśmy pracować. Człowiek nie mógł się opierać wszystkiemu. Trzeba było pracować sprytnie, udawać, że robi się dobrze. Wtedy nie myślało się o honorze, tylko o przeżyciu. Gdy nie było dostawy materiałów, chowałam się między bele i odpoczywałam. A malarki Berezowska i Hiszpańska malowały portrety dozorczyń.

Ale wszystko zależy od filozofii: albo człowiek chce przeżyć, albo będzie umierał.

Moja koleżanka się śmieje, że kobiety opowiadają, że w obozie chodziły bez majtek. No to trzeba było się wystarać o te majtki (śmiech).

A zdarzało się pani rozpaczać do poduszki?

Oczywiście. Nie można przeżyć tylu lat i nie mieć takich momentów słabości. To dobrze robi.

Powiem panu taką rzecz: uświadomiłam sobie, że obóz wzmocnił mnie psychicznie. Że ciężko pracowałam fizycznie i dawałam sobie radę. Że chorowałam i chorobę zwalczyłam. Miałam poczucie, że zdobyłam olbrzymie doświadczenie życiowe. Właśnie to, że potrafię tyle rzeczy zrobić, a zupełnie nie byłam wychowywana w takich warunkach. Byłam delikatną dziewczynką, chorowitą. Póki żyła mama, bardzo się mną opiekowała, a tu nagle życie pozbawiło mnie fundamentu. I przede wszystkim zdobyłam poczucie, że w każdej sytuacji dam sobie radę.

Wybór pierwszej specjalizacji – choroby płuc – był ze względu na mamę?

Specjalizacja była przypadkowa. W latach pięćdziesiątych było tak, że po pięciu latach studiów nie było stażu, jak dzisiaj, tylko można było zacząć pracować i w trakcie zdawać egzaminy kliniczne. Poza interną, bo to można było zdać przed końcem studiów, przed absolutorium, ale resztę potem.

Po studiach od razu postanowiłam wyjechać z Krakowa, bo nie czułam się tam dobrze i za nic nie chciałam tam zostać.

Dlaczego?

Nie lubię krakusów, oni na ogół źle się zachowywali w stosunku do osób z Warszawy, a sporo było nas wtedy w Krakowie. Bali się, żeby im nie uszczknąć jednej serwetki, jak to się mówi. A to byli ludzie zasobni, przecież nic nie stracili w czasie wojny w tym Krakowie. A ta Warszawa przyjechała bosa, głodna i obdarta. Myśli pan, że im przyszło do głowy, że coś można dla tych ludzi zrobić, podzielić się czymś? Wręcz przeciwnie – uważali, że warszawiacy to szarańcza, która ich ze wszystkiego obierze. Że najechaliśmy i czekamy na miejsca na studiach i na posady. Taka po wojnie była tam atmosfera.

W Krakowie mieszkała rodzina moich przyrodnich braci – Jurka, Zbyszka i Leszka. Ale przez te pięć lat studiów byłam u nich tylko raz, gdy Jurek wrócił z wojny, przyjechał ze swoją żoną i z małym dzieckiem. Przyszła Wielkanoc, to już i mnie zaprosili. Ale poza tym przez te pięć lat nie zaprosili mnie ani razu, nie pomyśleli o mnie, choćby w święta. Znali mnie – bo gdyby mnie nie znali, to rozumiem. Nie byli na mnie źli, po prostu żyli we własnym sosie. Ja raczej zawsze miałam dobre stosunki z ludźmi. Ale jak oni mnie nie zapraszali, to się nie pchałam. Mieszkałam przy Plantach, a oni na Szewskiej, czyli dwa kroki. Mieli piękne mieszkanie, już nie mówię o tych obrazach, Kossakach, no, całe bogactwo tam było szalone.

Na śniadaniu wielkanocnym był śmieszny incydent. Stół nakryty jak za dawnych, dobrych czasów pięknym, nieskazitelnie białym obrusem, wszystko wystawione, alkohole i nagle ktoś wylał kieliszek wiśniówki na ten obrus. No i była konsternacja na skalę światową. Afera. Pani domu zbladła, dostała palpitacji, o mało nie padła trupem (śmiech). Dosłownie. Zamieszanie, wszystko zbierali ze stołu. Ich życie składało się z takich drobiazgów. Mnie się tylko śmiać chciało. Patrzyłam na to jak na widowisko, jak na cyrk. Mnie to przeszkadza. Zwłaszcza po tym obozie człowiek już się zmienił i miał inne spojrzenie na stosunki międzyludzkie. Żeby trochę w sobie mieć pokory, skromności, a nie coś odgrywać. To byli ludzie zamożni, on był znanym adwokatem, ona była znaną w Krakowie przedwojenną pięknością, czyli „towarzystwo"... (śmiech).

Niczego nie zaznali, niczego nie stracili. Zupełnie. I potem kształtuje się w nich takie spojrzenie na życie i poczucie, że przyjeżdżają jakieś hordy i tylko patrzą, żeby im zagarnąć te ich dobra. Oni mieli specyficzne podejście do życia – gromadzić i mieć. Więc nie miałam przyjaźni krakowskich. Wie pan, mogłabym to porównać do sytuacji po wojnie, kiedy jeździliśmy do Niemiec i ci Niemcy ze skóry wychodzili, żeby nam sprawić przyjemność, coś ułatwić, coś pokazać, okazać sympatię, ciepło, oczywiście w sposób delikatny, nienarzucający się. Niemcy! Przecież jeśli się chce, to można okazać ludziom współczucie, jeżeli w czasie wojny spotkała ich tragedia, czy udzielić pomocy, czy choćby zapytać, czy coś potrzeba.

Pamiętam, że w tym mieszkaniu w Krakowie mieli chińskie wazy, a mój brat mówił, że to chińskie spluwaczki (śmiech).

Pani brat skąd wrócił?

Z Anglii, bo przez całą wojnę pływał, był oficerem marynarki po szkole morskiej. Mieszkał w Gdyni, ale gdy wybuchła wojna, akurat był ze statkiem w Londynie i wobec tego przez całą wojnę pływał w konwojach: płynęły dwa, trzy statki, woziły broń i ludzi ze Stanów Zjednoczonych do Europy, a okręty wojenne je ochraniały. To była olbrzymia działalność, statki cywilne stały się wojskowymi, ale woziły i pasażerów, i towary.

To był pierwszy statek handlowy, który wrócił do Polski jesienią 1945 roku. Mam wycinki z gazety ze zdjęciem, bo było powitanie i wielki szum. Tylko dlatego komuniści ich nie zamknęli, że był to głośny powrót.

Dlaczego mieliby ich zamknąć?

Dlatego, że przyjechali ci, co to na Zachodzie walczyli, więc podejrzani, szpiedzy. Przecież wielu to spotkało, zwłaszcza za Stalina. Ale ich nie tknęli, bo mieli już reklamę.

Potem brat przez rok nie pracował za karę, bo po pijaku wygłaszał mowy o Stalinie. Ale później już pływał, aż do emerytury.

Gdy studiowałam i Jurek był w Polsce, to mi pomagał, przysyłał pieniądze. Potem dostałam dwa stypendia: z Ministerstwa Zdrowia i z Urzędu do spraw Kombatantów – wspomagające byłych więźniów, którzy studiowali. Gdy już miałam stypendia i jeszcze brat mi coś przysłał, to przeszedł mi strach przed głodem.

Na wakacje jeździłam do Jurka do Sopotu, bo tam mieszkał. Gdyby nie bratowa, która mówiła, że podaję bratu herbatę, bo chcę mu się podlizać, żeby mi płacił, odwiedzałabym go dalej. Kiedyś tak powiedziała, a ja potem nie pokazałam się u nich przez dwa lata, tak byłam wściekła. On się z nią rozwiódł i drugi raz ożenił.

No więc zaraz po studiach uciekłam z Krakowa do Warszawy. W ciemno poszłam do Wydziału Zdrowia, a tam pani mi mówi, że jest praca albo w pogotowiu, albo w szpitalu w Otwocku. Wolałam szpital, bo miałam przed sobą egzaminy, a jeżdżąc z pogotowiem, nie mogłabym studiować. Pojechałam do Otwocka i dyrektor Kalinowski, taki miły pan z dawnych czasów przedwojennych – bo przed wojną to było Sanatorium Miasta Warszawy i jeszcze po wojnie tak się nazywało – mówi: „Już dzisiaj niech pani przyjdzie do pracy, bo kolega jedzie na urlop i nie ma nikogo". Mówię: „Dzisiaj to nie mogę, bo muszę pojechać spakować się i wszystko przywieźć z Krakowa".

Ale w Warszawie nie miałam gdzie mieszkać (śmiech). Wie pan, trzeba było mieć głowę na karku. Dowiedziałam się, że kuzyn ze strony ojca, też Gawlikowski się nazywał, Kazik, wynajmował pokój w mieszkaniu koło placu Narutowicza. A w pokoju miał dwa tapczany. Prawie nie znałam faceta, widziałam go dwa razy w życiu, ale poszłam do niego i mówię: „Słuchaj, sprowadzę się do ciebie, bo nie mam gdzie mieszkać". To był przyjemny chłopak, kawaler, starszy ode mnie o osiem lat. Powiedział: „No dobrze". Przywiozłam wszystkie bety i parę miesięcy z nim mieszkałam. Ale nie chciałam dłużej, bo to było krępujące, chciałam mieć swobodę, co innego, gdyby mnie coś łączyło z facetem... Poszłam do znajomych, potem do pacjentki, która długo leżała u nas w szpitalu i jej mieszkanie na Kępnej było puste, ale straszna ruina, brud, choć parę miesięcy u niej mieszkałam, nie miałam wyjścia (śmiech). Wreszcie w Radości na stryszku wynajęłam pokój z dużą kuchnią i porządnym piecem – jedyne, co było dobre, bo nie było bieżącej wody, a studnia i toaleta na dworze.

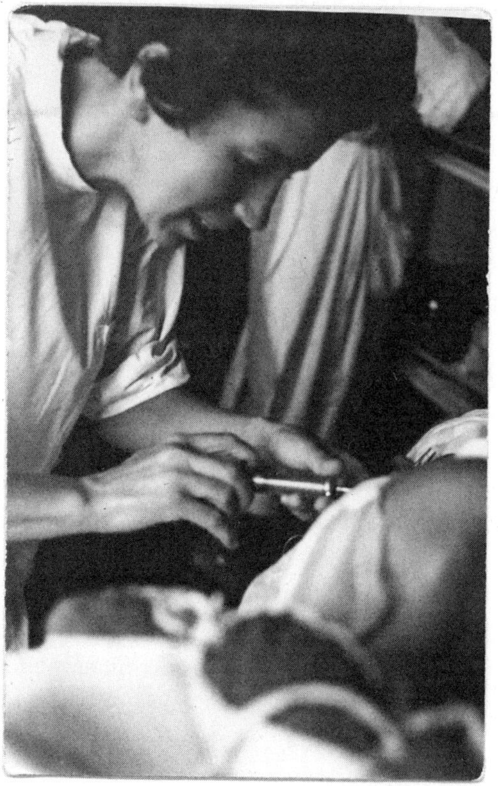

W szpitalu w Otwocku, 1965 rok

Zaczęłam pracować, a uczyłam się, jak się dało, nawet na dyżurach, człowiek miał zdrowie, słowo daję... Raz w miesiącu w nocy jechałam do Krakowa, rano zdawałam egzamin kliniczny i po południu wracałam do Otwocka. Pamiętam, że to było mordercze. Rok trwało, nim zdałam ostatni egzamin i dostałam dyplom. Ale już normalnie pracowałam. Niestety na studiach o gruźlicy powiedzieli parę słów, a w sanatorium w Otwocku od razu mnie puścili na ponadtrzydziestołóżkowy oddział ciężkiej gruźlicy! To był okres, kiedy były zakładane odmy opłucnowe. To się nazywało odma sztuczna, czyli wytworzona przez lekarza. Leczenie polegało na podaniu powietrza do jamy opłucnowej, żeby ucisnąć płuco i zmianę gruźliczą w płucu. Igłę wkłuwało się w jamę opłucnową i w ten sposób podawało się powietrze. Czasem trzeba było odciągnąć trochę powietrza, bo chorzy w trakcie zabiegu się dusili.

I jak sobie pani radziła?

No, musiałam.

Ktoś pani pomagał?

Wie pan, kto mi pomógł? Oddziałowa siostra zakonna, która tam pracowała iks lat.

A nie szef – lekarz?

A nie było, sama pracowałam na oddziale. Lekarz pojechał na urlop (śmiech). Był ordynator, który na gruźlicy mało się znał. Nie zapomnę, jak szedł na obchód: słuchawki zamiast w uszach miał na szyi, ale słuchał (śmiech). Miał specjalność – rehabilitacja po gruźlicy, a tu była kapiąca gruźlica i te odmy. Gdy on założył odmę, to chory zaczynał się dusić. Wszyscy krzyczeli: „Panie ordynatorze!", a on do mnie, żebym poszła do chorego. Uważał, że wystarczy, jak ja pójdę i się nauczę. Bałam się, ale wyszło mi to na dobre – pokonałam strach i zdobyłam doświadczenie. I nikt nie umarł z tego powodu, że nie poszedł pan ordynator (śmiech). Tak że sporo się naprzeżywałam i dzięki temu szybko się uczyłam. Dzięki siostrze zakonnej. Za mnie wypisywała leki, pomagała mi zakładać odmy. Bardzo dobrze ją wspominam. I drugą: zakonnicę gospodarczą, bo ona zawsze miała w szafie schowaną nalewkę. Mówiła: „Pani doktor, pani chyba dzisiaj zmarzła". Albo: „Coś pani dokucza, to ja pani zaraz dam lekarstwo". Kieliszek mi przynosiła: „Niech pani to wypije, zaraz będzie lepiej".

Takie były te początki, że nie miał mnie kto nauczyć zawodu.

A śmiertelność była duża?

Duża, duża, umierali, straszna ta gruźlica, trudno to sobie dziś wyobrazić. Najgorzej, jeśli chodzi o młodzież. Do dzisiaj

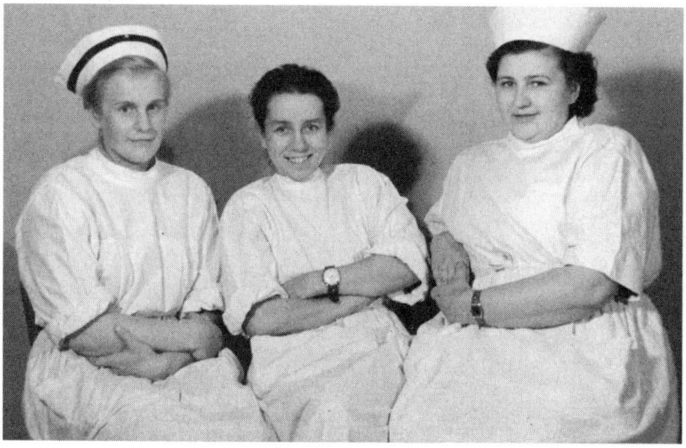

Z pielęgniarkami: z lewej Helena Wójcik, z prawej Barbara Anusiewicz, Otwock 1965 rok

chowam listy od dziewczynki, która leżała najpierw u nas, potem pojechała do szpitala dziecięcego w Dziekanowie Leśnym i stamtąd pisała do mnie. Jakiś czas. Takie czułe te listy. Mam je na pamiątkę. Co prawda nieraz myślę: „Po co to wszystko chować, kiedy człowiek umrze i trzeba będzie to wyrzucić?”. Bo wyrzucą. Kto to będzie trzymał?

A może przeczyta pani fragmenty tych listów, żeby nie znikły na zawsze?

Proszę – niech pan czyta.

Droga Pani Doktór, czemu Pani tutaj nie ma? Wielka szkoda. Pani jest lekarzem aniołem. Tak mi jest smutno i dziwnie. Do szkoły nie wolno mi uczęszczać. Chodzę na tak zwane pogadanki na różne tematy. Czuję się dobrze. Jedynym moim pragnieniem jest to, aby się zamknęła moja jamka. Dyrektor Lutz wspomniał mi o bronchoskopii, aby zobaczyć, dlaczego ona nie zamknęła się do tej pory. Podejrzewa on, że może są jakieś zmiany oskrzelowe, wówczas dano by mi streptomycynę. Boję się trochę, ale co mam zrobić, chcę być zdrowa. Podobno jest to bardzo przykre badanie.

Droga Pani Doktór, dobroć Pani nie zna granic. Jest Pani idealna dla swoich pacjentów, chwalą Panią kuracjusze z innych oddziałów, jak mój znajomy, z którym koresponduję. Miał on atak wyrostka robaczkowego i pisze, że Pani Doktór okazała mu tyle serca.

Przepraszam Panią, że pozwalam sobie na taką nieurzędową formę listu, ale mnie się zdaje, że Pani Doktór jest dla mnie drugą mamusią, i nie mogę pisać inaczej.

Alinka. 20.02.1951

Szanowna Pani Doktór! Zdziwi Panią zapewne, że po tak długim czasie milczenia ośmielam się do Pani pisać. Lecz do tak dobrej i miłej osoby zawsze coś ciągnie. U mnie, Pani Doktór, nienadzwyczajnie. Jestem już tutaj osiem miesięcy. Poprawy nie ma żadnej. Rozpacz mnie chwilami ogarnia. Odmę brzuszną mam rozpuszczoną w maju. Jamkę mam teraz większą od czereśni, a przecież na ostatnim prześwietleniu była wielkości pestki wiśni. Miałam mieć odmę chirurgiczną. Cieszyłam się, że już po tym będę zdrowa, ale niestety za mało ważę i za mało dmucham w respirator. Przeponę mam też nieruchomą, co jest przeszkodą do zrobienia operacji. Czasem się tak martwię i zalewam łzami, to znów mam nadzieję, że p. Bóg pozwoli mi wyzdrowieć.

Alinka. 15.09.1951

Szanowna i droga Pani! Ogromnie się ucieszyłam listem od Pani. Czekałam cierpliwie i byłam pewna, że Pani o mnie nie zapomni. Pani naprawdę jest taka miła i dobra. Jak to wspaniale, że już w listopadzie będzie Pani miała dyplom, a potem powinna Pani sobie urządzić wszystko tak, aby być szczęśliwą. Może kiedyś, gdy ja będę zdrowa (mam nadzieję, że już wkrótce), złożę Pani wizytę jako słynnemu lekarzowi. Chora nie chcę się Pani pokazywać. Muszę stąd wyjechać zdrowa. Kochana Pani Doktór, może nawet będę miała plastykę. Na wszystko się zgadzam, abym była tylko zdrowa. Dotychczas była mowa o odmie chirurgicznej, jednak może chirurg nie będzie chciał robić, bo mam dużo zrostów. Plastyki i odmy chirurgiczne udają się tutaj wspaniale, na przykład podczas plastyki jedna z dziewcząt z mojego pokoju śmiała się na stole i mówiła, że ją prawie nie boli. Teraz nie poddaję się, jak mogę. Pocieszenia P. Doktór znacznie na mnie podziałały.

Alinka. 22.10.1951

Szanowna i droga Pani! Ciągle myślę i wspominam Panią, i chyba nigdy nie potrafię zapomnieć o mojej dobrej Pani Doktór. Samopoczucie mam dobre. Czas mi szybko leci. Czytam dużo książek, to jest jedną z moich ważniejszych i lubianych rozrywek. Do szkoły nie chodzę. Mam nadzieję, że w tym roku już wybrnę z tej przykrej sytuacji. Tak bym chciała w czerwcu wyjechać stąd.

Alinka. 16.01.1952

Taka biedna była dziewczyna, miała może jedenaście, dwanaście lat, bardzo ładna była.

To jedna z tych, które zmarły?

Podejrzewam, że zmarła, bo miała dużą tę gruźlicę i nagle przestała się odzywać.

Co po wojnie pomagało przeżyć chorym na gruźlicę?

Jeśli mieli mniejszą gruźlicę – nie naciekową, rozlaną – to małe zmiany ustępowały dzięki leżeniu w sanatorium i lekom wzmacniającym.

Czym leczyliście?

Głównie dobrym słowem. Mówię: pobyt w sanatorium, leki wzmacniające, witaminy. Sami się wyleczyli, bo w gruncie rzeczy to jest samowyleczenie z pomocą lepszych warunków życiowych.

W latach pięćdziesiątych nie było czym leczyć gruźlicy i pacjenci dla wzmocnienia werandowali. Pojawiła się streptomycyna – antybiotyk przeciwko prątkom gruźlicy – ale były mikroskopijne ilości, które rozdzielano różnie (śmiech).

W jakim sensie?

Bo były takie czasy, jeszcze żył Stalin, że więcej było dla partyjnych niż dla niepartyjnych. Miałam znajomego – Janusza Zalewskiego, przyjaźniliśmy się, on był w Armii Krajowej, w akcji został ranny w nogę i ta noga mu się nie goiła. Męczył się, bo to była otwarta rana. I zachorował na płuca, wzięłam go na swój oddział. Jemu była bardzo potrzebna streptomycyna, a w szpitalu była komisja, przyznawali dziesięć gramów na osobę. To był początek autentycznego leczenia gruźlicy. I ja strasznie dobijałam się o tę streptomycynę dla niego, bo uważałam, że go wyleczy. Wywalczyłam ją dla niego i wyleczył płuca. Ale szef tej komisji stawiał opór, bo było wiadomo, że Janusz był w AK, a on był dyrektorem szpitala, partyjnym. Dobrze sobie zapamiętałam tę historię.

Po latach, gdy zaczęła się Solidarność, to pan dyrektor przyznał, że też był w Armii Krajowej, i nagle zrobił się straszny patriota, bohater. Nawet dostał odszkodowanie, załatwił to sobie. I wtedy mu to wygarnęłam. Ostro wystąpiłam. On się bardzo dziwił.

Co mu pani powiedziała?

Prawdę – co o tym myślę. Że to granda. Wypomniałam mu tego Janusza i że jak zmieniły się czasy, to on też zmienił chorągiewkę.

Oj, jak się na nim odegrałam. On chciał wynosić do domu obiady dla żony, a ja mu powiedziałam: „Nie". Bo ja stworzyłam Solidarność u nas w szpitalu w Otwocku. Pomyślałam, że chociaż raz mu przyłożę. A przecież w gruncie rzeczy nic nie miałam przeciwko tym obiadom.

Przecież za dyrektorską pensję mógł żonie kupić obiady.

No pewnie. I siedział na tym krzesełku naprzeciwko mnie jak petent. Boże…

On mi osobiście nigdy kłopotów nie sprawiał, ale tak się zachowywał… Mnie się to nie podobało. Później w końcu jakoś wszystko się załagodziło…

Nasza szefowa na chirurgii, też partyjna, była w szpitalu przewodniczącą Podstawowej Organizacji Partyjnej. Ona mi czasem przygadywała: „Tej hrabiance nie będę proponować wstąpienia do partii". Takie teksty miała. A ja mówiłam: „Słusznie, słusznie, bo i tak by z tego nic nie było". Wiedziała, że ze mną nie ma dyskusji. Ale muszę powiedzieć, że miała do mnie słabość, nigdy mi nie zrobiła przykrości. Ona każdego werbowała i prawie wszyscy pracownicy i lekarze z chirurgii byli w partii.

A można było nie być?

Tak, bo ja nie byłam (śmiech).

Ona znała moje poglądy, bo głośno mówiłam, że to nie jest partia dla mnie, że mnie to nie interesuje i czekam, kiedy to się skończy.

Tak wprost?

A pewnie. Jasne.

A co ona na to?

Nic.

Nie mówiła, że PZPR jest super?

Nie, przecież to była inteligentna kobieta.

Inteligentna i dlatego była sekretarzem POP-u?

Pochodziła z profesorskiej rodziny żydowskiej ze Lwowa. Jej ojciec Marian Auerbach napisał przed wojną książkę do łaciny, z której uczyłam się w gimnazjum. Niemcy go rozstrzelali we Lwowie w 1941 roku. Ale nigdy jej nie zapytałam, a tyle lat się znałyśmy, w jaki sposób ukrywała się w czasie wojny. Po wojnie wyszła za mąż za Tadeusza Bireckiego, a potem za Mariana Jaworskiego. Znałam go, był pierwszym sekretarzem Warszawskiego Komitetu Wojewódzkiego PZPR. Uroczy człowiek, wiele mu zawdzięczam i nie zapomnę mu tego do śmierci. Załatwił mi mieszkanie w Warszawie, a to była dla mnie wielka rzecz. Naprawdę był porządnym facetem, nie sądzę, żeby komukolwiek zrobił przykrość. Ale był wielkim ideowcem.

Jak szefowa miała na imię?

Ada. Zaskoczę pana: ona się ze mną przyjaźniła, kochała mnie do śmierci.

A ja, jak już wspomniałam, zakładałam u nas w szpitalu Solidarność, bo jak zwykle pchałam się, w co się dało, nie zmieniłam się mimo wszystkich doświadczeń, gdyby była wojna, tobym robiła to samo.

A powinna się pani zmienić?

Niektórzy nabierają wody w usta. Albo się boją. Ja od razu wzięłam się do Solidarności, bo przecież trzeba działać, znów poczułam się dobrze, jak w konspiracji (śmiech). A w czasie stanu wojennego co robiłam? Rozprowadzałam lektury, mam dwie półki książek z drugiego obiegu, bo do domu przynosiłam cały stos, czego bał się mój mąż. On nie włączał się do tych spraw, ale też nigdy mi nie powiedział, żebym tego nie robiła, co w nim ceniłam. W służbie zdrowia robiliśmy zebrania, spotkania, rozdawaliśmy, roznosiliśmy i rozwoziliśmy ludziom książki, ubrania i jedzenie, zaopatrywałam kolegów, bo tyle tego przychodziło z Zachodu.

Gdy zaczął się stan wojenny, zrobiłam się taka wściekła na tych komuchów, na wszystko, co się działo, że z naszą szefową zerwałam prywatne kontakty. Ona jeszcze u nas pracowała, ale już się nie wygłupiała za specjalnie. A ja byłam z nią na dystans. Potem przestała u nas pracować. Mój mąż odwiedzał ją w domu i ciągle mi mówił: „Aaa, daj spokój…". On był jej pacjentem i dużo jej zawdzięczał, bo był ciężko chory, miał ropniaki opłucnej, straszne problemy. Ona go operowała, robiła mu torakoplastykę, czyli ucinała mu żebra, i go z tego wyprowadziła. Miał dług wdzięczności i do niej biegał, nie wtrącałam się do tego. Jednak w końcu zmiękłam (śmiech). Skończył się stan wojenny i mówię: „Dobra, zaproś ją". Odwiedziła nas parę razy, my byliśmy u niej. Nagle zaczęła się zmieniać, bo już nie pracowała, nie była tym sekretarzem POP-u i widziała, co się dzieje w kraju. A potem kompletnie odpłynęła, była mało kontaktowa, nie rozpoznawała nas, i umarła, i ją pogrzebaliśmy.

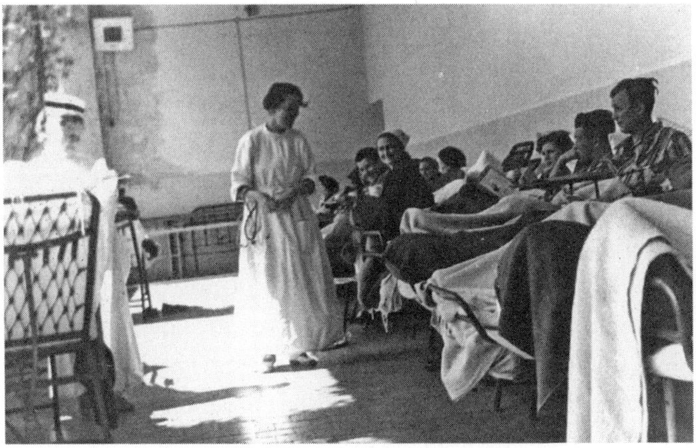

Szpital w Otwocku, pacjenci werandują,
początek lat sześćdziesiątych

Zaczęła pani opowiadać, że nie było czym leczyć gruźlicy i pacjenci werandowali.

Leków nie było praktycznie żadnych. Leżeli na werandzie wzdłuż korytarza dwie godziny w ciągu dnia, poprzykrywani, na łóżkach, na świeżym powietrzu. Na tym polegało leczenie gruźlicy w sanatoriach w czasach zamierzchłych.

Ale równie dobrze mogli leżeć na balkonie w domu albo siedzieć w parku na ławce?

A, nieee – w szpitalu mieli dyscyplinę.

Działanie na psychikę?

No tak. Kiedy po studiach zaczęłam pracować, zaczynały się leki. Ta reglamentowana streptomycyna – ponieważ przedtem nie było niczego – działała błyskawicznie na naciek czy jamę, jeżeli nie była za duża. Jama to część płuca nieistniejąca – zniszczona przez gruźlicę. Czasem jamy zamykały się pod wpływem odmy – wprowadziło się powietrze, przycisnęło i płuco się skleiło. A jeśli nie, to człowiek nie zdrowiał. Później zaczęły się operacje i jeśli jama była duża, to trzeba było wyciąć kawałek płuca. Ale jeżeli zmiana była średnia, to można było wyleczyć streptomycyną. Dawało się dziesięć, piętnaście, dwadzieścia gramów. A potem można było rąbnąć sześćdziesiąt, dodać inne leki, które doszły, i leczyło się błyskawicznie. Wtedy bardzo zmniejszyła się w społeczeństwie prątkująca gruźlica.

Wie pan, gdy już miałam dyplom w ręku, to nagle dostałam nakaz pracy na ziemiach zachodnich, w poniemieckim sanatorium w Torzymiu koło Zielonej Góry, prawie na granicy niemieckiej. No rozpacz. Bo ja już nie chciałam ruszać się z Otwocka. Ale musiałam pojechać. Oczywiście wynajęte mieszkanie sobie zatrzymałam, myślę: „Nie będę taka głupia". Pojechałam do Torzymia, a tam nie było dyrektora i po krótkim czasie zrobili mnie p.o. (śmiech). To było szaleństwo, siedziałam z intendentem i pisaliśmy roczne zestawienia i raporty.

Który to był rok?

1951–1952. Potem pojechałam przy jakiejś okazji do Warszawy, a już wcześniej źle się czułam, kaszlałam, zrobiłam zdjęcie rentgenowskie i ku mojej radości okazało się, że mam mały naciek w płucu. Zmiana zapalna na tle gruźliczym. Nigdy w życiu z powodu choroby tak się nie cieszyłam jak wtedy. Natychmiast położyłam się na oddział – jestem chora. I byłam chora. Ale dostałam dziesięć gramów streptomycyny i szybko się wyleczyłam. Zawsze leczę się z wszystkiego dobrze i szybko.

Szybkie leczenie z czym ma związek?

Bo chcę być zdrowa (śmiech). Widocznie taki mam organizm. I zmiana cofnęła mi się bez śladu. Musiałam zarazić się w szpitalu.

Po naciekach zostają ślady?

Jeżeli jest większy naciek, robi się zmiana włóknista. Jednak te zmiany nie mają znaczenia, chyba że był duży obszar, to potem są problemy oddechowe. Ale u mnie nie ma śladu, wszystko się wessało.

No i, proszę pana, w szpitalu leżałam dwa czy trzy miesiące. W tym czasie bez przerwy uderzałam do Ministerstwa Zdrowia, ja im nie dawałam żyć, aż musieli kogoś dać do tego Torzymia. Bo gdy mnie tam nie było, to w końcu pojawił się jakiś człowiek na horyzoncie. Jeszcze dziesięć lat temu ciągle tam pracował. I dostałam pismo, które przechowuję do dziś, że mogę wrócić do Otwocka.

Wyleczyłam się z tej gruźlicy i zaczęłam interesować się anestezjologią. Bo wcześniej zrobiłam specjalizację: choroby płuc, a potem pierwszy i drugi stopień z anestezjologii. W Otwocku pracowałam do 1970 roku. Potem pięć lat w szpitalach w Warszawie: na Bielanach, na Solcu i na Mokotowie. Wróciłam do Otwocka i do 1987 roku prowadziłam oddział anestezjologiczny. Ordynatorem był zaprzyjaźniony ze mną kolega, który nagle umarł na serce. Młodszy ode mnie i wydawało mi się, że jeśli ktoś z nas umrze, to prędzej ja, a żyję, choć minęło dwadzieścia pięć lat (śmiech). Po jego śmierci nie chciałam tam zostać, myślę: „Przyjdzie nowa miotła, ja już mam swój sposób pracy, nie chcę się przystosowywać do nowego szefa, pójdę sobie spokojnie pracować do przychodni". A kierowniczką przychodni przeciwgruźliczej na Mokotowie była jego żona. Ładnie sobie wymyśliłam, że siądę za biurkiem i będę miała święty spokój. Pracowałam do 2000 roku, ale początkowo mnie męczyło, że za stabilnie tam, bo ja zawsze szybko. Potem przeszłam do przychodni Fundacji Armii Krajowej i pracowałam codziennie, potem dwa razy w tygodniu, raz w tygodniu. Chciałam odejść parę razy, ale dyrektor mówi: „Chociaż raz w miesiącu" (śmiech). Wszyscy się dziwią, że mi się jeszcze chce.

A chce się?

Wie pan, ćwiczy się głowa. Zaczynam pewne rzeczy zapominać i to mnie złości. Ale dzięki pracy zawsze zajrzę do książki.

Chcę panu też powiedzieć, co ja myślę o zawodzie lekarza. Mówię teraz jak najpoważniej na świecie. Po pierwsze, żeby być dobrym lekarzem, trzeba lubić ludzi. Trzeba umieć nawiązać dobry kontakt. Byłam w pracy trzy dni temu i pacjentka mówi: „No, teraz to ja wiem, że wszystko jest w porządku, bo pani mi wytłumaczyła". A druga po raz pierwszy przyszła do mnie: „Byłam tam i tam i załatwili mnie jak w sklepie, a tu spotkałam się ze zrozumieniem".

Trzeba umieć rozmawiać z pacjentami i pacjenta wysłuchać. Cokolwiek by mówił. Nie można pokazać, że człowiek się spieszy, tylko że ma czas i że pacjent jest najważniejszy. Ważne, żeby pacjent wiedział, że interesuję się tym, co mówi. Z czasem się tego nabywa, ale są lekarze, którzy nigdy tego nie nabędą, traktują pacjenta jak interesanta. I choćby przeczytali sto książek i mieli wiedzę, to nie będą dobrzy.

Medycyna swoją drogą, ale trzeba mieć sposób na kontakt z człowiekiem. Albo to się ma, albo nie.

Przecież za mną jest sześćdziesiąt parę lat pracy. Ale po co ja teraz chodzę do przychodni? Nie dla zarobku, to jest symboliczna suma, na taksówkę (śmiech). Jednak sprawia mi to przyjemność. I pamiętam, że od początku miałam dobre podejście do pacjentów. Nie umiałam jeszcze różnych rzeczy, bo po studiach człowiek wielu rzeczy nie wiedział, dopiero doszło doświadczenie, ale wykazywałam pełne zainteresowanie. Bo ja zawsze wysłuchałam, żeby nie wiem jakie mi opowiadali androny. I widać było, że słucham, a nie myślę o czym innym. A to jest konieczne, bo pacjenci są na to wyczuleni.

Lekarze tłumaczą, że mają mało czasu, ale ja wiele lat pracowałam w szpitalu i zawsze miałam dużo pracy, ale nigdy nie dałam po sobie poznać, że jestem zniecierpliwiona. Po prostu – musiałam mieć czas dla pacjenta. Dlatego w domu mieli pretensje do mnie, bo ja tam byłam gościem. Bez przerwy siedziałam w szpitalu.

W zeszłym miesiącu przyszedł do mnie chłopak, dwudziestoparolatek, i mówi: „Tyle czasu mnie leczą, szukają, co mi jest, i ciągle mam napady duszności". Wzięłam słuchawki, bo trzeba posłuchać pacjenta, bo to jest dla pacjenta ważne. Inaczej ludzie mówią: „Nawet mnie tamten lekarz nie posłuchał". Gdy przychodzi pacjent i ma typową astmę, i zaczyna mu świszczeć, to ja nie muszę go nawet słuchać, bo ja to słyszę uszami, z daleka. Ale zawsze posłucham słuchawkami, bo pacjent wtedy wie, że się go zbadało. I ten chłopak mówił, że to mu robią i tamto mu robią, po dziesięć badań, i nic nie wiedzą. Coś podejrzewali, bo mu nie pozwolili brać aspiryny, a bywa taka astma aspirynowa, z uczulenia na aspirynę. Przepisałam mu leki: „Niech pan przyjdzie za miesiąc". Przyszedł – nie ten chłopak. Mówi: „Czuję się zupełnie inaczej, jestem taki zadowolony, nie mam duszności".

No i co? Przecież tam była prosta sprawa. Nie umieją leczyć? Czy to jest niechlujstwo? Fakt, że ja mam duże doświadczenie. Zresztą lata całe byłam anestezjologiem, a wtedy trzeba mieć spojrzenie na człowieka ogólne, na wszystko.

Proszę wierzyć, że jeżeli przyjdzie ktoś, kto potem jest szczęśliwy, że dobrze się czuje, to ja autentycznie się cieszę. Nie robię tego sztucznie, naprawdę się cieszę.

Wie pan, przez te wszystkie lata przewinęły się przez moje ręce tysiące pacjentów. Bo ja najpierw pracowałam na oddziale ogólnym płucnym, a potem na chirurgii i przez długi okres nie tylko byłam anestezjologiem, ale i sama prowadziłam oddział pooperacyjny. I wszystko miałam zrobione, tylko że ja nie zasiadałam do picia kawy na pół godziny, tylko natychmiast do roboty. Taki miałam charakter, pracowity dosyć. Na chirurgii było dużo roboty i dobry zespół, koledzy się starali. Ten mój kolega szef też był pracuś niesamowity, świetny chirurg i przejechał się na zawał, a miał tylko pięćdziesiąt osiem lat.

A nie lepiej do szpitala trafić po znajomości, a potem wręczyć lekarzowi prezent? To zapewnia lepsze leczenie.

Nie przesadzajmy, jeśli lekarz dostanie butelkę koniaku, kwiatki czy czekoladki, czy to jest naganne? Nie mówię o takich, którzy ciągną duże pieniądze, bo to jest. Przeważnie po operacji pacjent chce dać coś na pożegnanie, podziękować. Uważam, że to przyjemne. Jest też wielu pacjentów, którzy wychodzą i mówią tylko „do widzenia". Ale to nie znaczy, że zostali źle zoperowani. Mój przyjaciel ortopeda kocha się w kwiatach i gdy dostanie bukiet, to jest zadowolony, zmienia wodę, przycina, wącha. Ale niektórzy lekarze są chamscy. Pamiętam, jak u nas w Otwocku młodzi lekarze mówili, że to chwast. Potrafili wrzucić do kosza, no, nie przy pacjencie, ale przy kolegach. To zupełny brak wychowania, mnie to zawsze oburzało.

Może woleliby koniak?

A ja też wolałabym butelkę (śmiech). Muszę powiedzieć jedno: nigdy nie brałam pieniędzy.

Niestety niektórzy lekarze traktują pracę tak, jakby byli ekspedientami w sklepie, i to kiepskimi, bo tylko czekają, żeby pacjent się odczepił. Tak nie można, bo choroba przede wszystkim jest w głowie. Skłonność do pewnych dolegliwości jest w głowie. Nastawienie do leczenia też jest w głowie. Wszystko od tego się zaczyna i jak to się dalej potoczy, zależy od podejścia lekarza. Nie zawsze jest łatwo, ale można i ja się o tym w życiu przekonałam.

Proszę przeczytać – ten poemat napisał wdzięczny pacjent (śmiech).

Pani Doktor Alicji Gawlikowskiej na Dzień Jej Ślubu

„Nie umiem tego wyrazić, co Ci zawdzięczam…" (Szekspir, *Romeo i Julia*)

W normalnym rzeczy twórczych toku, tak się złożyło już niestety,
że wierszyk „okolicznościowy" jest czymś banalnym dla poety.
Dzisiaj, gdy myślę, jak Ci, Pani, Dobry Człowieku i Doktorze,
uczucia swoje mam wyrazić, w Twej Najważniejszej Życia Porze,
zamiast normalnych słów banałów, które z nas każdy zna na pamięć,

wierszem wyrazić chcę nieśmiało, o czym rozmyślam niemal
stale.
Gdym z rezygnacją tu się zjawił – człowiek już zbędny
i bezdomny –
i na swej pracy krzyż postawił, choć niedalekim był od plonu
trudu tysięcy dni i nocy strawionych w walce i zwątpieniu –
wówczas użyłaś całej mocy Twej duszy mądrej i głębokiej,
by mnie pobudzić znów do życia.
Umiałaś roztlić iskry w zgliszczach
– i ogniem żużle się zajęły.
Wiem, że są ważne wszystkie leki, roentgen, chirurgia,
analizy
i wiem, że z Was lekarze lepsi niż ci, co lekko mnie spławili.
I wiem, nie łudzę się ni chwili, jaki mnie koniec szybko czeka,
wszakże widzicie, moi Mili, poza zabiegiem – też człowieka.
A to spojrzenie, pełne serca, ludzkie współczucie – pełne
duszy,
to dla mnie dzisiaj najważniejsze, bo mi żywota kęs
przedłuży,
bo moje książki (dwie mam skończyć) przedłużą w lata moje
imię.
Myśl, żem potrzebny społeczności, bardziej od lekarstw
w życiu trzyma.
Więc za to, Droga Pani Alu, a z Tobą – Lekarskiemu Gronu,
żeście z prostracji mnie wyrwali,
tworząc mi tu namiastkę domu…

Stanisław Lewiński, wdzięczny pacjent. Sanatorium
im. Dzierżyńskiego w Otwocku, 3.12.1954

Powiem panu, że po obozie wszystko zaplanowałam. Znalazłam niedawno notatkę, którą wtedy napisałam: „O małżeństwie nie myślę, póki nie skończę studiów, to rzecz najważniejsza, żeby się ustawić w życiu". Potem nie chciałam być sama. Miałam trzydzieści lat. Postanowiłam mieć rodzinę, bo chciałam mieć dzieci (śmiech). To był motyw główny.

Ale po studiach musiałam zmienić plany życiowe, bo ktoś mnie zawiódł.

Jak miał na imię?

Tadeusz. Nagle zmienił obiekt zainteresowania. W przykrej dla mnie sytuacji, bo akurat byłam w ciąży pozamacicznej i mało nie umarłam.

To była wasza wspólna ciąża?

Tak, wspólna, sama jej nie wymyśliłam (śmiech). Gdy po operacji wyszłam ze szpitala, powiedział mi, że zakochał się w innej lekarce. I się rozstaliśmy. Po rozstaniu z nim, zanim wyszłam za mąż, był moment, że piłam. Żeby o tym nie myśleć, bo to było ambicjonalnie przykre, ja to przeżyłam. Ale nie bywałam pijana. Jak to się mówi: zalewałam tylko robaka (śmiech).

Alkohol pomagał?

Wie pan, gdy się pije, człowiek nie myśli, znieczula się i przestaje odczuwać. Bo alkohol działa przecież znieczulająco (śmiech). Jednak połapałam się w miarę szybko, że to do niczego nie prowadzi, bo pomagało mi przez chwilę, a mogło wprowadzić w ciężki nałóg. Ale ja jestem przytomna, wszystko potrafię sobie wykoncypować i to mnie uchroniło w życiu od wielu głupstw. Potem bywałam w towarzystwie, gdzie piło się więcej, ale wiedziałam, że już mi to nie grozi. Paliłam dużo papierosów i też przestałam. Nie ma tak, że muszę palić, że muszę pić. Każdej rzeczy mogłam się wyrzec, to sprawa charakteru.

Za mąż wyszła pani z rozsądku?

To nie było z rozsądku. Napatoczył się facet, który bardzo chciał. Inżynier elektryk. Miał gruźlicę i przyjechał na rehabilitację do Otwocka. Ale nawet nie był moim pacjentem. Na oddziale miałam paru znajomych i przez nich się poznaliśmy. Na początku mnie irytował, bo był taki dowcipniś, opowiadał śmieszne rzeczy, a ja takich nie lubiłam. Po prostu – nie byłam zakochana i patrzyłam nie tymi oczami.

Jak pani mąż miał na imię?

Jan.

A on był w pani zakochany?

Z półroczną Joanną, maj 1956

Nie wiem. Nigdy się nad tym nie zastanawiałam. Uważałam, że jest inteligentny, sympatyczny i nadaje się na męża i ojca. Po przeżyciach wojennych chciałam mieć rodzinę i dzieci. Tak to zaplanowałam. I akurat trafił mi się taki facet. Wydawało mi się, że będzie dobry do tych celów (śmiech). Praktycznie załatwiłam sprawę. Nie mówię, że nie miałam sentymentu do tego pana. Jako mężczyzna mi odpowiadał, przecież nie byłam głupią smarkulą.

Co składało się na to, że „był dobry do tych celów"?

Że miał zawód. Że pracował w Centralnym Biurze Konstrukcyjnym Pras i Młotów. Że był solidny. A ja wiedziałam, że niedługo dostanę mieszkanie służbowe, że mam nianię wypróbowaną na wszystkie czasy, która będzie zajmować się moimi dziećmi. I ten pan sprowadził się do mnie, zaczęliśmy mieszkać razem i wyszłam za niego za mąż.

Ten mój niedoszły też się ożenił z tamtą panią doktor – ona była porządną babką – ale po krótkim czasie doszedł do wniosku, że jednak szkoda (śmiech).

Dlaczego po ciąży i rozstaniu z nim chciała pani szybko wyjść za mąż?

Żeby się obronić. Psychicznie. I chciałam mu zrobić na złość. Tak! Pokazać, że ja nie siedzę i nie płaczę na schodach u niego w domu, tylko potrafię urządzić sobie życie bez niego.

I co ja miałam za życie? Gdy wyszłam za mąż, on zaczął przychodzić do mnie na każdy dyżur. Pijany. I mówił: „Coś ty zrobiła? Dlaczego tak się pospieszyłaś?". A ja do niego: „A co miałam zrobić? Na co miałam czekać? Razem pracujemy i wszyscy mieli nade mną ubolewać?". Nigdy nie pokazałam po sobie, że coś nie tak.

Jego żona przychodziła pod drzwi, bo daleko była ta dyżurka od schodów, stawała tam i coś do niego mówiła. A on do mnie: „Idź, powiedz temu babsztylowi, żeby się odczepił". Był tak nieprzytomny od alkoholu, że musiałam go położyć i spał. To trwało dobry rok. Lubiłam go jeszcze mimo wszystko. Bo, wie pan, ja wiem, że mężczyźni to słabi ludzie, nie mam najlepszego zdania o ich charakterach. Ale słabość do mężczyzn mam.

Tadeusz w końcu wyniósł się od nas do innego szpitala. To był kobieciarz, miał babki, ta żona płakała, ale on swoje robił.

Nagle dowiedziałam się od kolegów, że zatrudnił się jako lekarz na statku i wyrusza w rejs. Jego żona miała poroniony pomysł, żeby go wysyłać na morze, wiadomo do jakiego środowiska, gdzie oni przeważnie piją, zwłaszcza wieczorem. On pił bardzo dużo.

Nagle zaczął mi się śnić. Co noc. A ja mam nadwrażliwość w tych sprawach, parę razy w życiu przekonałam się, że pewne rzeczy odbijały się na mojej psychice niezależnie ode mnie i potem okazywało się, że coś się zdarzyło. On śnił mi się i śnił, i nawet mężowi mówiłam: „Słuchaj, ten Tadeusz śni mi się bez przerwy, coś się z nim musi dziać". Wróciłam z urlopu i dyrektor, który się z nim przyjaźnił, dzwoni: „Wiesz, że zginął Tadeusz? Wieczorem był u kapitana na kolacji, popijali, na wysokości Przylądka Dobrej Nadziei pożegnali się, on poszedł do swojej kabiny i przepadł".

Człowiek za burtą?

Pewnie zjadł go rekin.

Potem śnił mi się jeszcze parę razy: jestem za granicą, siedzę w restauracji, on podchodzi i mówi: „A ja żyję". Myślałam, że może nie zginął, tylko wysiadł gdzieś w porcie po drodze, bo to był koniec lat sześćdziesiątych, i że może to było ukartowane, że wymyślili taką historię, żeby on uciekł na Zachód. Tylko potem nikt już o nim nie słyszał. I tak dramatycznie skończyło się jego życie.

W czasie tej ciąży kochała go pani?

Nie, nie było *love story*.

Powiem panu, że przez wiele lat wydawało mi się, że nie potrafię się zakochać. Że nie stać mnie na żadne uczucia, tylko na chwilowe zauroczenia. A tych sympatii miałam sporo. Święta to ja nie byłam, broń Panie Boże, i nie wstrzemięźliwa – mówiąc delikatnie (śmiech). Nawet gdy miałam męża, to też miałam sympatie. Nagle się zapalałam i wydawało mi się, że coś się we mnie tli. Ale to były krótkie historie, które mi się rozłaziły, uciekały. Byli różni: żonaci, tacy, siacy. Szukałam, chciałam koniecznie, bo czułam, czego mi brakuje w życiu.

Miłości?

Też bym to tak nazwała.

Do tego duży temperament?

Jedno z drugim. No, bo mnie się to podobało (śmiech).

Seks był odreagowywaniem przeżyć obozowych?

Myślę, że za dużo filozofii nie jest nam potrzebne.

W pierwszym momencie wydawało mi się, że coś zaiskrzyło, ale zwykle trwało krótko, tylko czasem trochę dłużej.

Dłuższe znajomości ile trwały?

Rok czy półtora (śmiech).

Coś panu powiem: w życiu trzeba mówić prawdę, poza wyjątkami, gdy drugiej osobie sprawia się przykrość. Na przykład – zdrady. Nieświadomość jest połową szczęścia (śmiech). Starałam się, żeby była pełna dyskrecja. To święta zasada.

Z mężem Janem, lato 1971

Bo wszystko można zrobić, ale ma być cisza. Byle tylko ta druga strona nic nie wiedziała. Bo to mija i nie wynika z tego nic złego. Mówię szczerze. Taką filozofię miałam w życiu.

Niektórzy przyjmują wersję otwartą.

Tego nie wolno robić. To zawsze wsiąknie w człowieka i zostaje uraz. Życie pokazało, że mam rację. Nigdy nie bawiłam się, jak niektóre kobiety, w szukanie po kieszeniach męża listów. A co mnie to obchodzi? Byle w domu był spokój. Bo inaczej kończy się awanturami, rozstaniami, decyzjami ostatecznymi. Po cholerę to? Ten następny będzie lepszy? Przecież człowiek jest tylko człowiekiem. Mąż pracował, miał grono znajomych, był lubiany. Ja też dużo pracowałam, miałam po czternaście dyżurów w miesiącu i mało byłam w domu. Poza tym miałam swój świat, swoich kolegów i niepotrzebnymi szczegółami się nie interesowałam, bo co to da? Nic. Może tylko przynieść złe konsekwencje. Człowiek nie wie – nic się nie dzieje. No, chyba że nie przechodzi, a to znaczy, że sprawa jest poważna. Ale w dziewięćdziesięciu procentach wszystko mija (śmiech). Im łatwiej to przychodzi, tym bardziej jest przejściowe. Czasem zdrowo tak sobie odmienić, żeby mieć porównanie. Ale kiedy wszystko jest niepewne, bez sensu od razu informować, robić burzę. Potem okazuje się, że z dużej chmury mały deszcz, a awantura na cztery fajerki. Ludzie są narwani i niszczą czyjeś i swoje życie. Gdyby poczekali, toby się przekonali, że nie warto.

Mąż nigdy się nie domyślał?

Nie wiem, on się nie interesował tym, co ja robię, nie pytał, nie dochodził, ja też nie pytałam. Ale nie mogę narzekać na niego w sensie naszego pożycia, pod tym względem wszystko było w porządku. Ale to było powierzchowne, bez wielkich uczuć. Czułam, że tu jednak czegoś brakuje.

My mieliśmy zupełnie inne natury, inne charaktery i to było przyczyną nieporozumień. Mąż był stabilny, lubił dom, siedzenie, wyjazd to dla niego była okropność, a ja uwielbiałam się ruszać, wyjeżdżać, stale mnie gdzieś nosiło. U nas każde miało trochę własnego życia, własnych znajomych, przyjaciół.

Zawsze bałam się zależności. Mężowi od razu powiedziałam, i on na to przystał, że muszę mieć kawałek życia wyłącznie dla siebie, swoje towarzystwo, wolny czas, bo jestem człowiekiem niezależnym.

Echo obozu?

Być może. Nawet się nad tym nie zastanawiałam.

Proszę pana – małżeństwem byliśmy pięćdziesiąt dwa lata. Przez ten czas ja stale byłam w innym środowisku, mąż w innym. Nie powiem, żebym nie lubiła towarzystwa męskiego. Nie powiem, że stroniłam od mężczyzn. Poza tym w pracy miałam prawie samych kolegów. Tak samo ja wiedziałam, że mąż ma w biurze koleżanki i że oni tam się przyjaźnią. Ale po co tak dociekać bez sensu? Jeżeli w domu jest spokój, są dzieci, trzeba je wychować – o to mi chodziło najbardziej. Miałam moją nianię, ona mi prowadziła dom ekstra, dbałam o to, żeby było wszystko, i było. No to co? Człowiek może mieć chwilowe słabości, a potem okazuje się, że mało warte, ot, taka przelotna przyjemność. I tak trzeba traktować sprawę, rozsądnie, proszę pana.

Z mężem się kłóciliście?

Ale o sprawy polityczne.

Może polityka to wymówka, a powodem były osoby trzecie?

Rozumiem, o co panu chodzi, ale chyba potrafiłam to oddzielić. Poza tym ja zawsze intensywnie żyłam ogólnym życiem, sprawami społecznymi, politycznymi. Mąż też tym się interesował. Czytaliśmy gazety, dyskutowaliśmy i to było ważnym motywem naszego życia.

Mąż należał do PZPR?

Tak, czym się nie chwalił, córki o tym nie wiedziały. Zapisał się do partii pod sam koniec, na ostatnie dwa lata. Zrobił to dyskretnie, bo miał świadomość, jak ludzie to odbierają. Ale uważał, że w pracy ma mieć święty spokój. Wydawało mu się, że tak będzie praktycznie. Przeżył ciężką chorobę, rok leżał w szpitalu w Zakopanem, cudem z tego wyszedł i chciał spokojnie żyć. Był porządnym człowiekiem, nie popełniał zasadniczych błędów. Trochę mi na złość uważał, że w PRL-u było całkiem dobrze, w związku z tym były między nami kontrowersje ideologiczne. To było pole kłótni, pod tym względem zupełnie nie byliśmy zgodni. Machałam ręką, ale gdy powiedział coś, co mnie wkurzało, było spięcie. Ale nie był komunistą, tylko był wygodny, był oportunistą, ugodowy, nie lubił się narażać, byle cicho, wszyscy go lubili, w ogóle bardzo miły człowiek.

A ja zawsze głowę wsadzałam tam, gdzie nie trzeba, zaczęła się Solidarność, potem był stan wojenny, to pracowałam w podziemiu. A mój mąż się bał, jemu to się nie podobało, ale nigdy mi z tego powodu nie robił trudności. Bał się, ale siedział cicho (śmiech). Tak że na zawsze mu to zapisałam po stronie plusów.

Potem zaczęłam działać w partii politycznej Ruch Obywatelski Akcja Demokratyczna. Potem ROAD wszedł w skład Unii Demokratycznej. Potem byłam w zarządzie warszawskim

Unii Wolności i przez kilkanaście lat brałam udział w organizowaniu kongresów i wszystkich wyborów w Warszawie. To była partia żywa, pełna pomysłów. Należałam do społeczności, która mi odpowiadała psychicznie.

No więc nigdy nie wypytywałam męża: „A gdzie byłeś? A dlaczego tak długo?". Może się zabawił. No i co z tego? Wiem, że miał sympatie.

Nie wracał do domu na noc?

Na noc zawsze wracał (śmiech). Ale że za długo gdzieś siedział, bo padał deszcz... (śmiech). Albo że poszedł zabawić się ze znajomymi, to mi nie przeszkadzało. Gdy żyje się życiem bujnym w aspekcie zawodowym i innym, to te sprawy przestają być podstawowe. Jeśli żona siedzi przy garnkach, to może rzeczywiście rozmyśla: „A co on tam robi?". To jest złe, ja sobie tak nie wyobrażałam. Po to kończyłam medycynę, żeby pracować, i to mnie zawsze pociągało. Gdy coś działo się z pacjentem, to dzwoniłam do domu, że przyjdę wieczorem albo zostanę na noc w szpitalu, bo to mi się zdarzało w długiej karierze lekarskiej.

Na przykład mój mąż miał byłą koleżankę z pracy, która miała pod Warszawą piękną działkę, i on tam do niej jeździł. A ja nie lubiłam działki, zresztą dużo pracowałam, więc w niedzielę byłam zmęczona i nigdzie nie chciało mi się ruszać. A on chciał jechać na tę działkę, to brał swoje rzeczy i jechał. Iks lat tam jeździł, a ja na tej działce w życiu nie byłam. Mnie to zupełnie nie przeszkadzało, lubił tę działkę. Niech sobie jedzie, dlaczego miałam go trzymać na siłę?

Ta jego koleżanka do dzisiaj dzwoni do mnie w święta z życzeniami, pyta, jak się czuję. A wcale nie byłam z nią blisko. Per „pani" całe życie. Miła kobieta, sama wychowywała córkę.

Mąż jeszcze parę lat temu umawiał się z nią na całą niedzielę na tę działkę. Mówiłam: „A jedź sobie". A ja albo z kimś się spotkałam, albo coś w domu robiłam, byłam szczęśliwa, że mogę wyłożyć się z książką. I uważałam, że to jest naturalne.

Z córkami w Jastarni, 1965 rok

Każdy człowiek, nawet w najlepszym małżeństwie, musi mieć swoje życie.

Kompletne uzależnienie jest zabójcze. Nie może być tak, że człowiek jest od rana do nocy na wszystkie strony prześwietlany. Zresztą po obozie ja bym ciągłej bliskości nie wytrzymała.

Gdy mężowi mówiłam: „Weź moją torebkę i coś wyjmij", to przynosił mi torebkę, ale sam nie zajrzał nigdy. To jest uszanowanie cudzego „ja". Drugiego człowieka. Niektórzy chcieliby to „ja" zagarnąć, wejść do każdej szarej komórki. Nie wolno tego robić. Nikt mnie tego nie uczył, ale tak rozumiałam życie.

Miałam świetną teściową, porządną i miłą kobietę, która też dużo złych rzeczy w życiu przeżyła. Ale od razu powiedziałam mężowi, nawet gdy początkowo mieliśmy trudności mieszkaniowe: „Od pierwszego dnia mieszkamy osobno". To był warunek: żadne mieszkanie z teściową. I tak było. Teść już nie żył, ja pomagałam jej w różnych sprawach, a ona to doceniała. Uważała, że to, co robię, jest najlepsze, i w życiu nie odważyła się mówić mi żadnych uwag. Wspominam ją bardzo dobrze. Przyjeżdżała do nas zawsze na tydzień z wizytą.

Wie pan, trzeba mądrze żyć.

Napijemy się whisky, ale dzisiaj chcę ostrożnie, nie mogę za dużo, bo jutro mam dzień obfity, idziemy na Wigilię do rodziny, więc muszę trzymać fason. Wody poproszę drugie tyle. Bardzo lubię whisky (śmiech).

Jeśli chodzi o męża, to czułam, że on będzie dobrym ojcem. Po tej wojnie koniecznie chciałam mieć dzieci i dom. I tak to urządziłam, że mój mąż nie musiał narzekać. Nigdy dodatkowo nie pracował, tylko w ramach tego swojego jednego etatu. W domu niania o wszystko dbała, obiad był podany. Był po ciężkiej chorobie, oszczędzałam go, nigdy go nie nadużywałam fizycznie w sensie szalonych wysiłków. Na wakacje wyjeżdżaliśmy odpoczywać. Byłam strasznie racjonalna. Mogę sobie zarzucić, że to wszystko było nawet zanadto zaplanowane, jednak uznałam, że małżeństwo to nie jest chwilowa sprawa i inaczej trzeba traktować dorywczy romans, a inaczej męża. Że to coś innego, na innych podstawach. I byłam z tego małżeństwa bardzo zadowolona.

Córki nieraz miały pretensje, że mało udzielałam się w domu, ale niania niańczyła je cudownie. W wakacje wyjeżdżała z nimi nad morze na dwa miesiące, a my z mężem zawsze dojeżdżaliśmy na miesiąc i byliśmy z dziećmi, to było dla nas święte.

W każdej sytuacji można sobie urządzić życie, jeśli ma się motywację. A ja miałam. Przede wszystkim byłam zadowolona z córek i z wnuczków. Doceniam też w rodzinie twórczą rolę mężczyzny (śmiech). Pod tym względem dobry był mój wybór.

Ale, wie pan, stale czegoś szukałam. W związku z tym sporo znałam mężczyzn – mówiąc oględnie – lecz zawsze przekonywałam się, że to nie to, że to wszystko jest ulotne, i mi się rozpływało. Całe zauroczenie przechodziło. Za każdym razem myślałam, że może znajdę tę wielką miłość. Po latach doszłam do wniosku, że nie jestem w stanie się zakochać. Że nie mam tendencji, i koniec. Że to jest cecha człowieka: albo potrafi się zakochać, albo nie. Nie chodzi o seks, tylko o wielkie wzajemne przywiązanie. Ja jakoś zawsze trafiałam na żonatych, dzieciatych, skomplikowanych ludzi.

I przez lata małżeństwa ta miłość się nie pojawiła?

Pojawiła się, ale niedawno.

Mąż już nie żył?

Jeszcze przed jego śmiercią. Serce bije. Teraz mogę powiedzieć, że jestem zakochana. W końcu się zakochałam – na starość (śmiech). Ale w końcówce życia też przyjemnie, prawda? I nieprawda, że do tego trzeba być młodym. Okazuje się, że wiek nie jest granicą, jeśli chodzi o uczucie. To było jak grom z jasnego nieba – miłość od pierwszego wejrzenia.

To człowiek wolny?

Nie, skądże, ma żonę, okropną szantrapę, która nasyłała na niego – nie z mojego powodu – wywiadowców. Nie jest to więc miłość spełniona, bo ten człowiek ma rodzinę i mocno jest uwikłany w to życie rodzinne, ale jest fantastycznie. I to jest mój człowiek, chociaż nie jesteśmy razem. Bardzo się lubimy. Oczywiście nie będę sobie układać z nim życia, bo to jest niemożliwe, nie zamierzam nikomu sprawiać kłopotów i układać sobie życia jego kosztem. Lecz to mi nie przeszkadza, ja już wszystko przeżyłam. Do niczego nie dążę, jestem szczęśliwa, że się zakochałam. I wiem, że to naprawdę jest miłość.

Widujecie się?

Czasem, ale mnie to wystarczy. To jest człowiek młodszy ode mnie o bardzo wiele lat, mógłby być moim synem. Jednak jemu to nie przeszkadza i mnie nie przeszkadza. On mówi: „Ty nie jesteś stara. Ty masz dużo lat" (śmiech).

I tak wygląda mój koniec życia. Nigdy nie należy rezygnować i myśleć, że nigdy to jest nigdy.

Ale nie spodziewałam się tego, a już minęło kilkanaście lat naszej znajomości (śmiech). Powiedziałam to panu jako akcent optymistyczny. Prawie po całym życiu może człowieka spotkać coś tak miłego.

A najintymniejszych moich rzeczy nikt nie będzie wiedział. Na szczęście moi fatyganci, których mogłoby to dotyczyć, nie żyją. Ci panowie, poza nielicznymi, byli młodsi ode mnie i żaden nie żyje. A nie – jeden jeszcze żyje.

Mój mąż był o sześć lat ode mnie młodszy. No i co? Już nie żyje sześć lat.

Mój najmłodszy adorator był ode mnie młodszy o dwadzieścia lat. Nie widziałam w tym nic złego. Zawsze miałam takie poglądy.

A gdyby wiele lat wcześniej pojawiła się ta miłość, to zrezygnowałaby pani z małżeństwa?

Przez lata nic się nie pojawiało, ale też uważałam, że mój mąż na coś takiego nie zasługuje. Myślę, że ten obecny człowiek też by nie zrezygnował ze swojego życia. Tylko młodym i niedoświadczonym ludziom wydaje się, że przewrócą świat do góry nogami. Kończą związek, zaczynają nowy i łudzą się, że będzie idealnie. Potem okazuje się, że nie jest idealnie. Burzyć wszystko i zaczynać od początku jest bez sensu. Szkoda wysiłku, z tego przeważnie niewiele wychodzi. Znacznie lepiej na boku mieć przyjaciela na dłużej, na krócej, na moment, żeby się odświeżyć.

Ale muszę panu powiedzieć, że jeśli chodzi o stronę fizyczną z mężem, to się utrzymywało bardzo długo, ja nie miałam zastrzeżeń do tych spraw. A moje dyskretne życie płynęło swoją drogą. Z ciekawości, dla zdrowia psychicznego. Nie należy przed tym się bronić. Najgorzej, gdy człowiek uważa, że chciałby, a nie może, bo jest spętany.

Widzę, że uczę pana rzeczy, które może nie są układne, ale są praktyczne.

Pamiętam, jak Anka, córka, zapytała mnie: „Dlaczego wy się z ojcem nie rozwiedliście? Byliście tacy różni w poglądach, w temperamencie i tak się kłóciliście". Joanna też pamięta, że się kłóciliśmy. One myślały, że się pozabijamy czy co? A ja odpowiadałam: „I następnego męża szukać, i przerabiać wszystko od początku? I znowu się kłócić? Po co? Jeśli chcę, to mogę być w swoim towarzystwie, nie muszę być z ojcem od rana do wieczora, ja sobie mogę to uzupełnić i po co mam narażać się na to, żeby zaczynać od nowa?". Nie widziałam potrzeby. Żeby były między nami drastyczne konflikty, żebyśmy się bili, ale takich rzeczy nie było. A że się pokłóciliśmy raz czy dwa? To normalne, to odświeża (śmiech). Jednak ani on nie ingerował w to, co ja mówię czy robię w domu, ani ja w to, co robił on. Pieniądze były, no, nie sypało się złoto przez okno, ale wystarczająco, żeby żyć i gdzieś wyjechać. Dom prowadziłam sama, a on mi na to pozwalał i nie było uwag: „Tego nie rób...".

Pani była dowódcą?

Chyba tak (śmiech).

A wzięliście ślub kościelny?

Aaa! To też był cały rozdział. Najpierw wzięliśmy cywilny. Wieki temu. I lata całe mieliśmy ten cywilny. Po wojnie nie zależało mi na ślubie kościelnym, bo zerwałam z Kościołem i przez wiele lat się w to nie bawiłam. Zawsze miałam pecha, trafiałam na takich księży, że potem wszystkiego mi się odechciewało. I moje podejście do religii jest z zastrzeżeniami.

W czasie okupacji miałam Adama, o nim już opowiadałam. Wie pan, ja w tych sprawach byłam dziecinna, to nie tak jak teraz – czternastoletnie dziewczyny sypiają nieraz z kim popadnie. Ja miałam dziewiętnaście lat i jeszcze żadnych doświadczeń. Harcerstwo i tego typu rzeczy. Naprawdę, uczciwie mówię. I poszłam do kościoła się wyspowiadać, bo całowałam się z Adamem. I ten ksiądz – tego nie zapomnę, właśnie takich rzeczy człowiek w życiu nie zapomina – on na mnie napadł, ale jak! Mnie wtedy szlag trafił.

Po powrocie z obozu też nie miałam szczęścia do księży. W Chełmie poszłam się wyspowiadać, powiedziałam księdzu, że wróciłam z obozu koncentracyjnego, ale gadał głupoty, jakby nie wiedział, o co chodzi, i tak ze mną rozmawiał, jakbym popełniła przestępstwo i pięć lat siedziała w kryminale. Poruszyła mnie jego obojętność i mnie odrzuciło, i przez ponad trzydzieści lat nie chodziłam do kościoła. No, poszłam przed egzaminem na medycynę i odmówiłam zdrowaśkę – na wszelki wypadek (śmiech). Ale nie praktykowałam aż do czasów Solidarności. Wtedy zmiękłam pod wpływem księdza Jerzego Popiełuszki, zaczęłam chodzić na jego msze, on miał na mnie olbrzymi wpływ, był dla mnie autentycznym świętym. Z prostej rodziny, ze wsi, a było w nim coś nadprzyrodzonego. Drobniutki, cichutki, a jak otworzył usta...

Gdy w 1989 roku zaczęła się niepodległość – ja jeszcze ciągle byłam pod wpływem Popiełuszki – trafiłam na dawnego znajomego, księdza Leszka Gniewniaka. Po wojnie był studentem historii w Krakowie, oświęcimiak, poznałam go w Związku Więźniów, byliśmy tam w sekcji młodzieżowej, bardzo fajny facet. No ale ja w 1950 roku wyjechałam z Krakowa, on się rozpłynął, słyszałam tylko, że siedział w więzieniu za sodalicję mariańską, bo on był taki superkatolik.

Dobre parę lat potem w Warszawie, już byłam zamężna, siedzimy z moimi przyjaciółmi sprzed wojny, z moją szkolną koleżanką Magdą, zresztą w szkole stale się z nią kłóciłam, prawie sobie oczy wydrapywałyśmy o tę endecję, ja mówiłam o Piłsudskim, a ona o tym...

...Dmowskim.

Dmowskim, tak. Wychodziłyśmy ze szkoły i kłóciłyśmy się na ulicy. Ale przyjaźniłyśmy się z tą Magdą, już dawno nie żyje. Więc siedzimy, ona patrzy na fotografie w moim albumie i mówi: „To ksiądz Gniewniak”. Ja mówię: „Jaki ksiądz?”. A ona: „Bo on siedział w więzieniu, ale wstąpił do jezuitów, został księdzem i pracował w kościele akademickim Świętego

Jakuba na Grójeckiej przy placu Narutowicza, studenci go uwielbiali". Ale Leszek był skłócony z Glempem, bo mu pyskował, mówił, co myśli, i Glemp go za to nie cierpiał i przegnał z kościoła akademickiego do Zalesia do zakonnic (śmiech). Tam go znalazłam po tylu latach.

Tak się złożyło, że moi kuzyni chcieli akurat ochrzcić córkę, bo wcześniej wyjechali, ona była nieochrzczona, a teraz miała iść do komunii. No to ja Leszkowi mówię o chrzcie, ale gadu-gadu i: „A może nam dasz ślub kościelny?".

Który to był rok?

1992. Leszek mówi: „Proszę bardzo, czemu nie". Strasznie fajny był z niego facet, wspominam go czule, bo był mądry, uroczy, miły.

Ci kuzyni przyszli z dzieckiem do chrztu, więc świadkowie dla nas byli na miejscu. Ochrzcił małą, a potem Leszek nam dał ślub. Mój mąż był agnostykiem, ale wziął ze mną ślub kościelny. Po czterdziestu latach! Mówił: „Dla ciebie to robię, bo sobie życzysz".

Nasze córki o niczym nie wiedziały. Nie chciałam tego rozgłaszać, robić uroczystości, tylko po cichu.

Skąd nagle ta potrzeba ślubu kościelnego?

Bo ja wtedy wróciłam na łono Kościoła i byłam w nastroju religijnym. Były wzniosłe czasy: ta Solidarność, ta niepodległość, ten patriotyzm… Chodziłam na wszystkie msze Popiełuszki i pomyślałam, że może będzie ładnie wziąć ślub. Ksiądz niczego od nas nie wymagał, żadnych zaświadczeń, to ja mówię: „Będzie mi miło", i od ręki dał ślub, tylko w ten sposób mogłam, bo inaczej tobym się nie zdecydowała.

A córkom kiedy powiedziała pani o ślubie?

Przy okazji to wyszło. Nie miałam ochoty o tym mówić.

Wie pan, wczoraj wieczorem przypomniałam sobie, że dzisiaj o wpół do ósmej rano miałam być w szpitalu. Na szczęście zawiózł mnie sąsiad.

Ten, który wychodzi z pani suczką na spacer?

Tak. Spotykaliśmy się na spacerze z psami i pewnego dnia, jak zobaczył, że źle chodzę, bo bolała mnie noga, to zaproponował, że skoro wychodzi ze swoim psem, to wyjdzie i z moją Polą. Minął rok, od kiedy zaczął przychodzić. To jest wielki katolik, porządny człowiek, wyczulony na to, żeby pomóc. Opowiadał mi, że ma byłe sąsiadki, które mieszkają tam, gdzie on mieszkał iks lat temu, i jeździ je odwiedzać, bo są samotne. Kiedyś wyłożył mi swoje założenia życiowe, że wychodzi mi z pieskiem jako katolik, bo traktuje to jako dobry uczynek. Mówię: „Wie pan, byłoby mi milej, gdybym wiedziała, że wychodzi pan z moim psem dlatego, że chce mi pan pomóc, że mnie pan lubi, że pan wie, że to mi sprawia przyjemność, i że panu sprawia przyjemność, że pan coś takiego robi".

Gdy wczoraj się dowiedział, że rano jadę do szpitala, powiedział: „To ja odwiozę". Mówię: „Ale ja sobie wezwę taksówkę". „Nie, ja odwiozę". Jesteśmy już dobrze zaznajomieni i mówię mu: „To już chyba cały kajecik zapisany dobrymi uczynkami" (śmiech). Powiedziałam, że to motywy, które mi się nie podobają, a on, że jednak tak traktuje tę sprawę. Ja też lubię pomagać ludziom i w związku z moją pracą zawodową całe życie komuś pomagam, ale mi to po prostu sprawia przyjemność.

Wie pan, mam zaprzyjaźnionego księdza ze szpitala na Szaserów, on czasem przychodzi na Wigilię do moich pań do Klubu Kobiet Ravensbrück, mądry facet, ma sześćdziesiąt parę lat. Niedawno przyszedł do mnie do domu, bo mu powiedziałam, że nie mogę chodzić do kościoła na Freta, tam nie ma dojazdu i mi ciężko. „To ja przyjdę do pani". I spowiedź wyglądała tak, że on siedzi przy stole i tak jak z panem sobie rozmawiamy, a na końcu on mi daje rozgrzeszenie. Mówię: „A pokuta?". A on: „Pani już odpokutowała całe życie" (śmiech).

Córkom mówiła pani o obozie?

Nie pytały, a ja unikałam, denerwowało mnie. Teraz czasem coś powiem Joasi, bo już na luzie, bez emocji. Wnuk Michał nie pyta, ale wnuczka Zuzia się interesowała: „Panie w szkole prosiły, żeby babcie opisały swoje przeżycia wojenne". Napisałam. Przyszła: „Twoje było najlepsze".

Kilka lat temu wnuczka robiła z panią wywiad i zapytała, czy czuje się pani bohaterką. Co jej pani odpowiedziała?

A skąd pan o tym wie? (Śmiech). Powiedziałam jej, że nigdy nie robiłam z siebie bohaterki. Proszę pana, ja jestem konsekwentna. Pracowałam w konspiracji świadomie, wiedziałam, czym to grozi, i nie dziwię się, że Niemcy mnie zamknęli. Zrobiłabym to samo na ich miejscu. Dlaczego mam się czuć ofiarą?

Dlaczego wnuczce łatwiej było opowiedzieć niż córce?

Minęło pokolenie. Pokolenie córek było za blisko wojny. Chciałam je przed tamtym światem ochronić.

Wnuczka była zainteresowana, bo w szkole mówili na ten temat, a w PRL-u nic się nie mówiło. Małym córkom nie mówiłam, żeby komuś przypadkowemu nie powtórzyły. Myślałam: „Jeszcze czas".

Moje córki... Mówię: moje córki, bo przecież były dwie. Ania, która nie żyje... Gdy kilka lat temu zmarła nagle, był to dla mnie wstrząs.

Mimo pani metody na przeżycie?

To nie jest tak, że człowiek do wszystkiego ma dystans, tak się nie da. Ale zaraz pocieszałam się: „To dobrze, że ona nie wiedziała, że to choroba nowotworowa. Zmarła nagle, więc to dla niej szczęśliwie". Proszę mi wierzyć, że to jest możliwe, ale trzeba wyćwiczyć się w takim podejściu do życia.

Po śmierci Ani druga moja córka Joasia namawiała mnie, żebym poszła do psychologa. Mówiłam: „Daj mi święty spokój z psychologiem, ja sobie sama dam radę".

To może zjedzmy po kawałku czekolady?

Joasia mówiła mi tak, bo byłam smutna, poważna. Miałam prawo być smutna, ale ona się obawiała, żebym nie wpadła w depresję. To takie modne teraz: depresja. Chciała mi pomóc, działała w jak najlepszej wierze. Powiedziałam jej: „Poradzę sobie".

I jak sobie pani poradziła?

Sama sobie wmawiałam, że trzeba dalej żyć spokojnie. Rozmawia się ze sobą. Poza tym ma się ambicje, żeby nie pokazywać emocji. Bo ja nie lubię pokazywać uczuć jak niektórzy, że rzucają się, płaczą, szlochają, urządzają cyrki. Ja mogę w cichym kącie sobie popłakać. Pomóc powinno się sobie samemu.

Ale śmierć własnego dziecka…

…jest nieporównywalna z niczym. To coś, z czym trudno się pogodzić. Mimo mojego charakteru. To był trudny moment, ale głównie dla mojego wnuka i zwykle myślę o tym pod kątem Michała. Bo ja to ja – skończy się to życie i skończy się problem. Ale jego strasznie mi szkoda, bo okropnie to przeżył, to było nagle i źle się na nim odbiło, zostawiło ślad. Rozpaczał po śmierci matki. Miał dwanaście lat i pretensje, że matka go zostawiła: „Nie dbała o siebie i dostała raka" – mówił. Był z matką strasznie zżyty, zabierała go wszędzie. Potem zamknął się i wiele lat z nikim nie chciał rozmawiać o mamie. Teraz już tak, ale to też nie jest rozmowa otwarta. Na pewno byłoby lepiej, gdyby Ania żyła.

Znałem Anię, jej synek bawił się w redakcji, gdy pracowała w „Gazecie Wyborczej".

O, to zdjęcie Michała z redakcji, gdy był mały. Ładny chłopak, podobny do Ani, wypisz wymaluj: włosy gęste, oczy niebieskie, uśmiech Ani…

Jego ojciec marzy o tym, żeby jego syn był profesorem, żeby studiował ekonomię. Michał jest bardzo zdolny, ale mówi, że go to nudzi, męczy, nie interesuje. I były awantury, bo syn ma być naukowcem, tak jak ojciec. A Michał nie chce.

A to zdjęcie Ani, gdy jeździła konno. Taka ładna dziewczyna…

Co jej się stało?

Miała raka płuc.

Pani jest specjalistką od chorób płuc.

I pół roku ją namawiałam, żeby zrobiła zdjęcie! Kaszlała i mówiła: „Mam uczulenie". Ania nie pracowała już w „Gazecie Wyborczej" – była zresztą bardzo zdolną graficzką. Przeszła do innej pracy i robiła nowe pismo dla biznesmenów. Źle się czuła, Michał mówił, że w nocy zasłabła, ale ona nic – musi to skończyć. Pracowała od rana do wieczora, aż skończyła. Joanna ma ten zrobiony przez Anię numer schowany, bo to jedyny. Gdy kończyła, szlifowała, to ją wreszcie przycisnęłam, żeby zrobiła zdjęcie płuc. Na zdjęciu niewiele było widać. Przyjęli ją do szpitala na Solcu, był wtorek. Robili jej punkcję, bo płyn zbierał się w osierdziu. Krwisty. Naokoło serca miała pełno krwi, zasłaniała cień serca, i gdy zrobili punkcję, wylała się z osierdzia. Poza tym na nogach pojawiły się zapalenia, były objawy towarzyszące. Ale ogólnie nie była w ciężkim stanie – nie, nie, nie.

Ania mnie wtedy zapytała: „Czy ja wyjdę z tego?". Powiedziałam jej: „No pewnie". Michał przy mnie. Makabra.

Miała trochę przestraszone oczy. Było coś w tych oczach. Te oczy to pamiętam.

Przecież wiedziałam, że nic z tego nie będzie, że to już koniec.

Nie chciała pani powiedzieć prawdy, co pani myślała?

Nie, nie, nie – ja zdecydowanie nie chciałam powiedzieć. Bo gdyby przed nią była długotrwała choroba, to jest inna sprawa. Michałowi lekarz powiedział, że mama jest śmiertelnie chora. Uznał, że dziecku należy powiedzieć. Dobrze się stało, bo on już był nastawiony. Strasznie płakał. Zapytał mnie: „A jak długo to może potrwać?". Mówiłam: „Kochanie, nie umiem powiedzieć. Może być parę dni, może być tydzień, no nie wiem".

Ania miała być przeniesiona do Instytutu Gruźlicy i Chorób Płuc, ale w szpitalu na Solcu nagle umarła. W niedzielę wieczorem byliśmy u niej ostatni raz – wszystko trwało pięć dni – rozmawiała z nami, z lekarkami, wypiła kawę. Jeszcze w nocy rozmawiała z lekarzami. A rano stanęło jej serce. Być może ten płyn gwałtownie się zwiększył i mogła być tamponada – ścisnęła serce, które nie mogło dobrze pracować. Reanimowali ją godzinę – bez skutku.

Zrobili jej sekcję, pobrali tkanki i okazało się, że to był pęcherzykowy rozsiany rak. Rozsiany to najzłośliwszy. Jeżeli zmiana jest rozsiana w pęcherzykach płucnych, tak jak było u mojej córki, to nie ma szans. Mam doświadczenie, tyle tych raków widziałam. Szczególnie trudne przypadki. Teraz przy nowych lekach można ewentualnie wygrać do pięciu lat życia. Ale dobrze się stało, że tak szybko to poszło. Dobrze, że to wszystko ją ominęło i nie zdawała sobie z tego sprawy. Bo ona by się z tego nie wyciągnęła. Leżałaby w szpitalu, byłaby leczona i miała świadomość, że umiera. Dla nas wszystkich to był szok, dla Michała okropny, ale dla niej, dla jej psychiki – całe szczęście.

Ile lat minęło od śmierci Ani?

Umarła w 2004 roku w czerwcu.

Jeszcze parę dni przedtem była w pracy, jeszcze w niedzielę latała swoim samolotem, we wtorek poszła do szpitala, a w poniedziałek zmarła.

Ale nie mówmy już o Ani, dobrze? Bo ciągle mnie to porusza.

Może się napijemy. Ale co: brandy czy może dobry francuski likier pomarańczowy?

Wiem, o jaki chodzi – brzmi nieźle.

Nie jest bardzo słodki, na szczęście. Kupiłam go w jakimś dużym sklepie, byłam z Joasią na zakupach, nie kupuję likierów, ale zachciało mi się spróbować. No to wypijemy.

Na zdrowie.

Dobry, mocny – czterdzieści procent.

Wie pan, trudności mnie nie przygniatały, tylko pobudzały do psychicznej aktywności. Tłumaczyłam sobie, że z każdej sytuacji trzeba wyciągnąć pozytywne wnioski. Może to być korzyść dla charakteru.

Nawet po śmierci dziecka?

Człowiek może stać się silniejszy psychicznie. Może chcieć to oddać innym. W umyśle rodzi się chęć pomocy. W moim życiu taką rolę odegrała medycyna. Zakochana byłam w swojej pracy. Gdy coś się działo, potrafiłam się w niej zatopić. Praca była antidotum na kłopoty, ukojeniem.

Córki na przykład mówiły: „Bo ty nas nigdy osobiście nie karmiłaś". A ja im odpowiadałam: „Bo pracowałam na oddziale zakaźnym. Była niania w domu i karmiła was lepiej ode mnie". Przecież jako anestezjolog stale dotykałam ust pacjentów.

To był powód?

Tak. Zawsze miałam i do dzisiaj mam to poczucie, choć już w szpitalu nie pracuję, że mam brudne ręce. To było ważne – bałam się, żeby córki się nie zaraziły.

Wie pan, pracowałam, dyżurowałam, zarabiałam, gdyby nie, to siedziałabym w domu i dzisiaj czekała, żeby mi ktoś coś dał, a tak nie muszę. Byłam w życiu praktyczna, może dlatego, że wcześnie straciłam rodziców i uważałam, że samemu trzeba dawać sobie radę.

Patrzyłam praktycznie: miały dobrą opiekę, niania świetnie gotowała, a ja o tym nie miałam pojęcia, parę lat temu nauczyłam się gotować (śmiech). Jeździły na wakacje, mogły się lepiej ubrać, wyjechać za granicę. Uważałam, że to je lepiej zabezpiecza na przyszłość, niż gdybym siedziała w domu i im truła. A nawet głaskała. Nie powiem, że tego nie robiłam. Ale wyszły na porządnych, wartościowych ludzi, obie graficzki po Akademii Sztuk Pięknych.

Ania tak się spieszyła w życiu. Mówiła: „Przyjadę do ciebie o piątej". Dzwoni o dziewiątej: „A ty gdzie?", pytam. „W Bieszczadach". Miała fantazję. I pasje, była pilotem z dyplomem, chciała być instruktorem, w warszawskim aeroklubie latała na awionetkach.

A Joasia maluje, urządza mieszkania. Martwiła się, że ma za mało zamówień. Mówię: „Nie martw się, dopóki żyję, nie

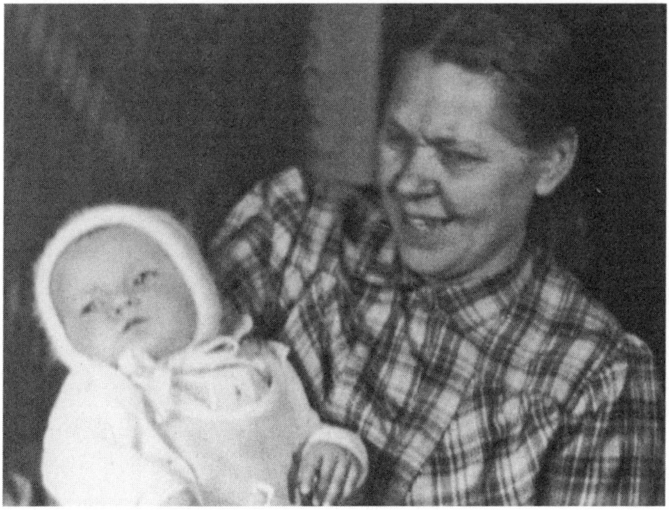

Niania Waleria z Joasią, 1956 rok

zginiesz". Teraz mówi: „Mam taki nawał, że nie nadążam" (śmiech).

Życie to łamigłówka, proszę pana, którą trzeba sobie umieć odpowiednio rozwiązać.

Powiem panu, że ja zawsze musiałam o sobie decydować. Nie lubiłam, żeby mnie ktoś nakłaniał, i się nie dawałam. Jeżeli człowiek ma kawałek własnego, niezależnego życia, to jest mu lepiej, potem lepiej się broni, nie jest stłamszony. Taką filozofię miałam. I mam.

Moja wnuczka Zuzia mówi: „Babciu, najbardziej jestem podobna do ciebie" (śmiech). Dzisiaj dzwoniła do mnie z Sydney, gdzie mieszka z mężem, i rozmawiałyśmy godzinę. Przyznam, że najlepszy kontakt mam z wnuczką, ona jest moją przyjaciółką.

A wtrącała się pani w życie córek?

Mało je kontrolowałam. Ania zawsze mówiła: „Twoją największą zaletą jest tolerancja". Nie ingerowałam za bardzo, pozwalałam im na wiele, ale gdy się umawiałyśmy, że przyjdą do domu, że zadzwonią, to był obowiązek. Chyba nie miały do mnie o to pretensji, bo surowo nie podchodziłam. Bywały między nami drobne scysje, jednak trzeba przyznać, że mało byłam w domu. Naprawdę mało.

Czyli wychowywała je niania?

No, właściwie niania najbardziej. Świetnie opiekowała się moimi córkami, były do niej bardzo przywiązane. Przede wszystkim dbała o ich zdrowie, żeby jadły, o te warunki, które też są ważne. Do śmierci była u mnie, miała dziewięćdziesiąt siedem lat, kiedy umarła. Nie była ze mną tylko w czasie wojny i zaraz po wojnie, kiedy studiowałam w Krakowie. Ale gdy po studiach wróciłam do Warszawy i wynajmowałam mieszkanie w Radości – bo służbowe dwa pokoje z piecami i kuchnią węglową dostałam dopiero, gdy Joasia miała rok – to ona wszystko rzuciła, przyjechała do mnie i już była ze mną stale. Pod koniec życia nic nie robiła, ale nigdzie jej nie oddałam. Dopiero parę dni przed śmiercią złamała nogę i znalazła się w szpitalu na Solcu, dostała krwotoku z przewodu pokarmowego, to częste u starszych ludzi po złamaniach, i wtedy umarła.

Wie pan, dawałam córkom stosunkowo dużą swobodę, nie inwigilowałam: „A co to za chłopak?". Nie pozwalałam tylko, żeby nie wracały na noc. Gdy już były dorosłe i przyszły z chłopakiem, to miały swój pokój. Poza tym uważałam, że po maturze mają się wyprowadzić z domu. Że są dorosłe i mają o sobie decydować. Nie mówiłam: „Wyrzucam cię z domu", tylko: „Jeśli masz ochotę, możesz się wyprowadzić, masz chłopaka, będziesz miała swobodę". Joasia wcześnie się wyprowadziła i mieszkała ze swoim chłopakiem.

Podobało im się takie pani podejście?

No, chyba tak, bo dawałam im wolną rękę. Anka dłużej mieszkała u nas. Ojciec jej mówił: „A po co ty się wyprowadzasz? Masz swój pokój". A ja mówiłam: „Daj jej spokój, niech się wyprowadzi, jest dorosła, co będzie siedziała z nami?".

Anka do niego: „Tak, tak, ja się już wyprowadzam, muszę mieszkać sama". I gdy się wyprowadziła, to zaraz zafundowała sobie Michała. Ale nie mieszkała ze swoim facetem, bo często się kłócili. Jednak czułam, że ona chce mieć swobodę, a nie u tatusia i mamusi. Sama ceniłam swobodę, dlatego to rozumiałam. I zawsze uważałam, że dzieci w pewnym momencie powinny się wyprowadzić. Joasia mieszkała parę lat ze swoim chłopakiem, potem się pobrali i po czterech czy pięciu latach się rozeszli. Bez ślubu, proszę sobie wyobrazić, dłużej mieszkali razem niż po. Ja tego Maćka bardzo lubię i zawsze go lubiłam. Ale teraz całe towarzystwo żyje w wielkiej przyjaźni, wszystkie żony: Joanna numer jeden i Joanna numer dwa, bo obie Joanny. Obściskują się, jest w porządku.

A jaka była pani mama?

Oj, ona chowała mnie krótko. Jeśli trzeba było, dostawałam po łapkach. Z mamą byłam stale, silnie związana, tylko to, co ona mówiła, było ważne. Była apodyktyczna, kazała coś robić, musiałam. Ale była dla mnie największym autorytetem, co potem miało duże znaczenie w moim życiu.

Stwierdzam: dobre było to, że mama wprowadzała dyscyplinę, jeżeli rozrabiałam, że czegoś chcę. Miałam to, co było mi potrzebne, i nie dopuszczała, żebym wpadała w humory, że czegoś nie mam. Potrafiła mnie odpowiednio potraktować słowem. Albo dała mi klapsa i powiedziała: „Proszę mi tu cicho". Albo zamknęła mnie w pokoju na klucz.

I nie działało to źle na pani psychikę?

Na moją działało dobrze. Potem wychodziłam i przepraszałam matkę, że byłam niegrzeczna. To mi w charakterze zostawiało ślad, bo dzięki temu wiedziałam, że nie wszystko mi się w życiu należy i że pewne rzeczy trzeba zdobyć mimo trudności. A przede wszystkim, że trudności życiowe trzeba znosić.

Potem kierowałam się tym, co mówiła moja matka. Może dlatego, że była konsekwentna? Mówiła: „Nie wyjdziesz na dwór". A ja szalałam, kopałam w drzwi i tłukłam głową o ścianę (śmiech). Byłam okropna, nie było dla mnie drzewa, na które bym nie weszła, z chłopakami grałam w noże, byłam ruchliwa i odważna.

W rodzinie czy u koleżanek stosowali wobec dzieci rygory, a moja mama uznawała moje ekstrasmaki.

Jakie smaki?

W lecie jeździłyśmy z mamą do jej ciotecznej siostry Zofii Osieckiej, z którą wychowywała się w majątku Osse pod Łodzią. W jadalni był stół dla dzieci i stół dla dorosłych. Dzieciaków było z dziesięcioro i piły kawę zbożową. A ja lubiłam prawdziwą kawę ze śmietanką. I mama pozwalała mi pić. Ku zgorszeniu innych rodziców, którzy uważali, że to niezdrowe, że dzieci mają pić kawę zbożową, i koniec. Mama mówiła: „Dlaczego ma pić coś, czego nie znosi?". Mówili: „W głowie jej przewracasz". A mama miała wyrozumienie dla takich życzeń dziecka. Natomiast nie tolerowała nieposłuszeństwa. Ale – jak już mówiłam – uważałam, że mama jest autorytetem bezwzględnym, i jej słuchałam, bo jak nie, to potrafiła mi dać po łapach albo porządnie trzepnąć po pupie. Nie maltretowała mnie, ale reagowała ostro. Była drobna, mała, lecz nie wahała się mnie skarcić i czułam to, bo rękę miała ciętą (śmiech). Pamiętam, jak na ulicy pociągnęła mnie za ucho, bo się wygłupiałam, a na ulicy nie wolno było się wygłupiać. W parku można, a ulica to poważna sprawa, bo mogę wylecieć nagle na jezdnię, więc trzeba iść jak dorośli. Nie słuchałam jej, to złapała mnie za ucho. Ojciec rozpływał się nade mną, prawie płakał: „Kruszynko, słoneczko, słowiczku". A mama powiedziała: „Ty małpiszonie" i mnie się to bardziej podobało.

A nie podobało się, gdy ojciec mówił miło?

Ale to było przesłodzone i mnie denerwowało. A mama powiedziała: „Ty kundelku" i dla mnie to było w sam raz.

Pamiętam, że przez rok mieszkaliśmy w Gdyni i chodziłam tam do gimnazjum urszulanek. Te zakonnice były miłe, ale zaczął się problem, bo a to siostra przełożona, a to siostra

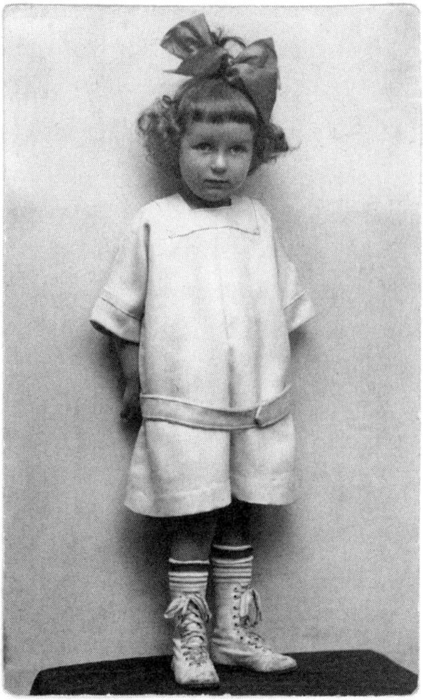

Mała Ala, rok 1924

nauczycielka podtykały rączki do całowania. Mnie się to nie podobało i powiedziałam mamie: „Dlaczego mam je całować po rękach?". A mama: „Całować w rękę możesz tylko matkę". I byłam zawsze na odległość od ich dłoni (śmiech).

Siostry zakonne kazały też w szkole chodzić w czarnych rajstopach – a mama miała pogląd, że mam nosić zielone, bo wtedy dzieci nie chodziły w czarnych, broń Boże, bo to niehigienicznie, niezdrowo – i mama mi powiedziała: „Ty nie będziesz nosić czarnych, bo ja uważam, że to nie jest dobre, i koniec".

W gimnazjum byłam o rok młodsza od koleżanek, bo nie chodziłam do szkoły powszechnej, tylko uczyłam się prywatnie. Prywatnie jest szybciej i uważam, że to dobre. Chodziłam więc na komplety ekskluzywne (śmiech). Znajomi mający dzieci w jednym wieku spiknęli się i zorganizowali komplety. Przed wojną to było modne. Siedmioro czy ośmioro nas było, ja jedna dziewczyna i sami chłopcy. Szalałam z tymi chłopakami, dobrze się czułam i dobrze się uczyłam, lepiej niż potem w szkole. Zajęcia odbywały się w prywatnych mieszkaniach, przychodzili nauczyciele i było przyjemnie. Pamiętam mieszkania w Alejach Ujazdowskich: u Dziewulskich, a drugie u Komorowskich, tam gdzie jest teraz ambasada bułgarska, koło amerykańskiej, to był ich dom, czyli pałacyk. Piękne było wnętrze: wielki kominek, my siedzieliśmy w olbrzymim pokoju, w salonie leżały skóry niedźwiedzie.

Jest pani jedynaczką?

Tak. Zdradzę panu taki szczegół: mój ojciec nie mógł ożenić się z moją mamą, bo był w trakcie rozwodu z poprzednią żoną, z którą miał trzech synów, a już ja się urodziłam, więc jak na owe czasy – 1921 rok – był to straszliwy skandal towarzyski.

Ojciec był inżynierem rolnikiem i miał w Warszawie parę zajęć ekskluzywnych. Był szykowany na ministra rolnictwa. Poza tym był wielkim społecznikiem, znał wszystkich profesorów pediatrów w Warszawie, bo był w komisji Komitetu Hoovera, miał kontakty z prezydentem Herbertem Hooverem, z jego żoną, z Heleną Paderewską i organizowali pomoc dla dzieci. Był dyrektorem Polskiego Białego Krzyża, a mama była ojca sekretarką. Gdy się urodziłam, ojciec miał czterdzieści pięć lat, a mama – dwadzieścia pięć.

Pół roku po moich urodzinach wyjechaliśmy na Śląsk. Ojciec wydzierżawił majątek w Wilczej Dolnej niedaleko Rybnika, na przedwojennej granicy polsko-niemieckiej. Wszystkim zajmował się rządca pan Grzonka, a ojciec krążył: zajmował się sprawami społecznymi – na przykład kasami dla ubogich. Jako wicedyrektor Państwowego Instytutu Eksportowego był służbowo na placówkach: najdłużej w Londynie, pojechałyśmy tam z mamą do niego na rok, i w Helsinkach – skąd przywoził mi buty i torby z renifera.

Gdy ojciec pracował za granicą, wtedy z mamą same mieszkałyśmy w tym pałacyku. Był piękny i cywilizowany – istnieje do tej pory – w roku 1922 miał centralne ogrzewanie i oświetlenie elektryczne, bo był poniemiecki (śmiech). Na dole były salony i olbrzymia jadalnia – jeździłam po niej drezyną – a na piętrze pokoje.

Ojciec był generalnym sekretarzem plebiscytu na Górnym Śląsku i w tym pałacyku zrobił kiedyś zjazd dziennikarzy na dwieście osób, miałam z tego zdjęcie, ale spaliło się w czasie wojny.

Opowiadałam panu, jak do pałacyku wprowadzili się obcy ludzie i uważali, że są w pensjonacie?

Tego jeszcze nie.

Tam było dużo pokoi i w lecie przyjeżdżali krewni, bo było ładnie, albo panowie na polowanie. Pewnego razu ktoś wynajął pokój jakimś państwu. Przyjechali, zajęli pokój, a u nas było dużo służby, różni ludzie się kręcili i nikt niczemu się nie dziwił. Ale rano ta pani zażądała śniadania do łóżka (śmiech). Sprawę zaczęto wyjaśniać i okazało się, że to są kompletnie obcy ludzie.

Na Śląsku mieszkaliśmy sześć lat i tam ojciec rozwiódł się z poprzednią żoną, i ożenił z moją mamą. A gdy umarła ta poprzednia żona ojca, to moi rodzice w tajemnicy przede mną wzięli ślub kościelny.

Jak nazywali się pani rodzice?

Mama – Halina Dunin. Ojciec – Józef Tadeusz Gawlikowski. Ale poznałam ojca jako Tadeusza i mama zawsze mówiła „Tadeusz". Dlatego że w rodzinie był też kuzyn – drugi Józef Gawlikowski, aktor i alkoholik – który wystawiał weksle i ludzie przychodzili do mojego ojca, a on musiał za niego płacić. Potem ojciec, żeby się odróżnić, podpisywał się „J. Tadeusz Gawlikowski".

Ojciec ukończył studia rolne w Dublanach, to na wschodzie, w okolicach Tarnopola, w jego rodzinnych stronach. Zaczął studiować prawo w Krakowie, ale miał ciężką sytuację, bo rodzice już nie żyli, a miał dwie młodsze siostry i musiał się nimi opiekować. I łatwiej mu było przejść przez Dublany, więc zrezygnował z prawa.

Rodzina mamy to była stara rodzina Duninów, znana w Polsce. Oni mieli zdecydowane poglądy i sposób postępowania z ludźmi, to byli ziemianie i uważali się za wyższą klasę. Ale ludzie, powiedziałabym, z moich obserwacji nie zanadto odpowiedzialni za swoje i cudze życie. W tej rodzinie było dużo powikłań małżeńskich, majątkowych i w kontaktach między poszczególnymi osobami. Brat mojej mamy tak się rozzłościł, że mama wychodzi za mąż za rozwodnika, że zerwał z nią kontakty. A ona automatycznie z nim też. Gdy spytałam o niego mamę – bo życzliwe ciocie bąknęły mi, że mama ma brata Karola – to mi powiedziała: „Ja nie mam brata". I do śmierci mamy się ze sobą nie kontaktowali. Wujek Karol odezwał się do mnie, gdy rodzice zmarli, widziałam go dwa razy w życiu.

Mama uznawała część rodziny, ale byli tacy, z którymi się nie witała. Stryja w Warszawie nie chciała znać. On miał dwie córki, jednej nie lubiła i tego nie skrywała. Z drugą się przyjaźniła, ja też ją znałam, to była ciocia Wanda Kirchmayerowa, która wyszła za mąż za Janusza, brata generała Jerzego Kirchmayera.

W rodzinie mojej matki przed wojną potracili majątki, bo o to nie dbali, lubili szastać.

A te historie małżeńskie?

Właśnie. Po śmierci mamy pokątnie pozbierałam szczególik po szczególiku – bo mama mi o tym nie mówiła – i się okazało, że pewnego dnia mama mojej mamy wyszła z domu i więcej się nie pokazała. Poszła do jakiegoś pana, zostawiając dwoje dzieci: moją mamę, która miała pięć lat, i jej starszego brata. I wychowywała ich siostra ojca. A ojciec mojej mamy pojechał do Włoch i popełnił samobójstwo.

Po tym jak zniknęła jego żona?

Nie wiem, nawet nie wiem, jak dziadkowie mieli na imię, nie znałam ich, nie widziałam na oczy. W rezultacie mamie zostały dwa majątki, które przepuścił jej brat.

Wróćmy do waszego pobytu na Śląsku.

Gdy mieszkaliśmy w tym pałacyku, ciągle przyjeżdżali do nas goście, więc był duży personel: kucharki, pokojowe. Pracowała też rodzina Kuców. Ojciec miał forda, ale sam nie prowadził, tylko szofer – pan Kuc. Były trzy siostry Kucówny i jedna z nich była moją boną, bo byłam niejadek i żebym zjadła, ona opowiadała mi bajki, prawie się do mnie modliła. Prosta kobieta ze wsi, czytała i pisała jako tako, ale wspaniała. I całe życie poświęciła mojej rodzinie. A miała nawet fatyganta, lecz mu powiedziała: „Nie".

Jak się nazywała?

Waleria Kuc, to przecież moja Walercia. I gdy po sześciu latach wyjeżdżaliśmy ze Śląska, mama ją wzięła, żeby mnie doglądała. Ona nam gotowała, gospodarowała w domu, była z nami i w Londynie, i w Gdyni, wszędzie.

Gdy mama była chora na gruźlicę, Walercia do końca się nią opiekowała. Gruźlica była chorobą rodzinną ze strony matki. Mówiłam panu, że przed wojną nie było czym leczyć, bo nie było leków. Ale warunki były, bo mamy stryj doktor Teodor Dunin ufundował sanatorium w Rudce koło Mińska Mazowieckiego i mama leżała tam kilka razy.

Wiedziała pani, że mama umrze?

Wyczuwałam dobrze tę sytuację. Wiedziałam, że ma gruźlicę. Leżała w sanatorium, leżała w domu, kaszlała, nie pozwalała się do siebie zbliżać. I zakaz – to zakaz. Stałam w drzwiach, a ona mówiła: „Nie wolno ci podchodzić, bo mogę zarazić cię chorobą". Prawdę mówiła. Bo dziecku trzeba w wielu sprawach mówić prawdę, a nie opowiadać bajki, wtedy kontakty w rodzinie są lepsze i uczciwsze.

Pamiętam ostatnie dni, była taka słaba, że prawie nie mówiła. Pytała, jak w szkole. Przecież ja miałam dwanaście lat i z takim dzieckiem nie prowadzi się rozmów zasadniczych ani pożegnalnych.

Mama wiedziała, że umrze, i prosiła nianię, żeby się mną opiekowała. Niania była człowiekiem nadzwyczajnym. Potem mi powiedziała, że przysięgła mojej matce, że mnie nie opuści.

Z matką byłam mocno związana, ale zżywałam się z myślą, że umrze. Gdy człowiek codziennie widzi i codziennie słyszy, to się przyzwyczaja. Nie jest to wstrząs, grom z jasnego nieba. Śmierć matki bardzo przeżyłam, ale już byłam przygotowana.

Wie pan, życie składa się z poznania i z rozstania. Trzeba umieć się rozstawać. Psychicznie przede wszystkim, jeżeli się wie, że to nie jest na zawsze, że już nic dobrego z tego nie będzie, że to musi się skończyć. To proces psychiczny, który trzeba przejść. Najgorsze jest zaskoczenie. Ale jeżeli człowiek widzi, że życie się kończy, to nie ma co z tym walczyć, bo to nic nie da. Domagać się czegoś nie ma sensu. Człowiek był, ale go nie będzie.

Gdy ojciec powiedział, że mama nie żyje, to się rozpłakałam. Poszłam do niej, zamknęłam się z nią w pokoju i tak siedziałam z mamą. Dotykałam jej. Pocałowałam. Pierwszy raz byłam krócej, a potem, gdy już leżała przebrana, to długo siedziałam przy niej. Wydawało mi się, że do niej przemawiam.

Powiem panu, że nie chciałam patrzeć, jak będą mamę zakopywać w ziemi.

I jak ojciec zareagował na pani decyzję?

Wiedział, że nie pójdę na pogrzeb. Usiłował mnie prosić, a że to wypada, że trzeba. Powiedziałam mu: „A ja nie chcę przeżywać rozstania z mamą. Chcę ją zapamiętać taką w domu". Ale pamiętam to wszystko jak dzisiaj. Już nie mówmy o tym, bo zaraz się rozpłaczę.

Wie pan, ja do dzisiejszego dnia często wspominam matkę ze wzruszeniem. To nie jest tak, że o niej zapomniałam, bo to tyle lat. A ile to lat!

Osiemdziesiąt.

A ja mam ją w oczach.

Jak odreagowywała pani stresy?

Do dzisiaj tak mam, że jeżeli coś mi nie wyjdzie lub wyjdzie inaczej, niż planowałam, na przykład stosunki z ludźmi, w których pokładałam nadzieję, to zaczynam się z tą sytuacją rozstawać. Na przykład myślę: „To już koniec tej znajomości". Staram się tę sprawę wyklarować: trzeba się z tym pogodzić i inaczej ułożyć sobie życie. Tego trzeba się nauczyć, że coś się przewraca w spojrzeniu człowieka. I to jest dobry sposób na życie, gorąco panu polecam.

Znam ten sposób.

Zna pan? Dobry sposób? Moim zdaniem: jedyny. Umieć pogodzić się z sytuacją i starać się stworzyć coś nowego. Nie ma innego wyjścia. Ale od razu trzeba przekształcać się psychicznie, a nie szukać półśrodków: a może się zmieni, a może będzie tak, a może będzie inaczej.

Po śmierci mamy przećwiczyła pani i zrozumiała, że bunt nic nie daje?

Tak, że nie ma przed czym się bronić, bo to nieodwracalne. A skoro jest nieodwracalne, to trzeba się od tego odseparować. Każde takie przeżycie czegoś człowieka uczy. Tylko jedni przyjmują te nauki, a inni – nie. I przez całe życie są rozkojarzeni i nieszczęśliwi. A do tego nie można dopuścić.

Zawsze się tym kierowałam i nie żałuję.

Och, proszę pana, często słyszę: „Tobie to dobrze, bo ty zawsze uśmiechnięta".

Każdy może się uśmiechać.

Przecież nikomu się nie broni. Wobec tego wypijemy jeszcze whisky. Sztuka życia to też jest sztuka, proszę pana. Proszę sobie nalać i mnie nalać, bo może mi ręka zadrży (śmiech).

Wie pan, nie warto rozbijać się o banalne, nieważne sprawy, trzeba uratować to, co – w moich oczach – cenne w życiu.

Ale trzeba sobie wiele rzeczy tłumaczyć, teraz to już jest u mnie automat.

Pamiętam, że niedługo po śmierci mamy ojciec zapytał, czy się zgodzę, żeby on się ponownie ożenił. A ja powiedziałam: „Nie". Krótko (śmiech). Uważałam, że w tym domu nie będzie innej kobiety.

Wiedziała pani, że mama była drugą żoną ojca?

Oczywiście, zawsze wiedziałam.

A co pani myślała o ojcu?

Że każdy mężczyzna ma słabości. Chciał mieć żonę. Ale potem szybko się pochorował, miał jeden zawał, drugi, pracował do końca, miał mnóstwo zajęć. Ale miał znajomą panią Celinę – córkę pastora augsbursko-reformowanego – aktorkę, która nie wywindowała się na szczyty, zresztą bardzo sympatyczną. Zainteresowała się mną, zwracała uwagę na ubiory, podarowała mi długą suknię wyjściową. I utrzymywała kontakty z ojcem. Raz mi powiedziała, że gdyby ojciec był zdrowy, to ona by za niego wyszła. A ja wiedziałam, że już nic z tego nie będzie, bo ojciec pracował, żył, ale na ostatnich nogach.

Przypomniała mi się scena, kiedy mama już nie żyła, ja miałam czternaście czy piętnaście lat i ojciec mi powiedział: „Tak bym chciał, żebyś wyszła za mąż za starszego pana" (śmiech). A ja zawsze byłam wrogiem tego.

Czego?

Starszych od siebie mężczyzn. „Boby się tobą opiekował" – mówił ojciec, a ja dostałam szału: „Za starego dziada, mowy nie ma!". Wyszłam z pokoju i trzasnęłam drzwiami. Ale ja w takich sprawach, jeżeli mi ktoś chciał coś narzucić, byłam pasjonatką. Zezłościło mnie, że ojciec mi coś takiego sugeruje. On sobie wyobrażał, że to tak dobrze, że młoda dziewczyna będzie miała opiekę. Sam już poważnie chorował na serce i miał dobre intencje, ale myślał tak, jak może myśleli jego rodzice. A ja zawsze byłam niezależna.

Pewnie uważał, że to naturalne, skoro był o dwadzieścia lat starszy od pani mamy?

Nie mam mu tego za złe, wiem, jakie poglądy panowały przed wojną, zresztą wiele osób tak myśli do dzisiaj.

Wie pan, po śmierci mamy płakałam, więc pamiętam ten moment dramatyczny. Jednak uspokoiłam się i zaczęłam myśleć: „Jak dalej żyć? Jak dawać sobie radę wewnętrznie?". Bo z matką byłam blisko, z wszystkiego jej się zwierzałam, a ojciec był zupełnie innego pokroju: społecznik, nigdy go nie było w domu, miał piętnaście prac, fantasta pełen pomysłów, z których nie miał dużo pieniędzy, tylko profity psychiczne (śmiech). Był dla mnie czuły, ale to nie był kontakt na co dzień, nie taki, żebym odczuwała jego obecność. Był osobą ulotną (śmiech). Stale gdzieś jeździł i słabo go znałam. Chorował i ta jego choroba to też była dla mnie trudna rzecz, byłam rok przed maturą. Codziennie miał ataki dusznicy bolesnej, dwa zawały serca, a zachowywał się jak sportowiec: jeździł, chodził na zebrania, na zjazdy, wygłaszał przemówienia. Pracował i się dusił. Brał nitroglicerynę, przed wojną uniwersalny lek na duszności. Bo wtedy nie robili operacji, żeby udrożnić naczynia i pomóc sercu. Dzisiaj założyliby mu stenty i by żył. Gdy zaczynały się ataki, wisiałam na telefonie i dzwoniłam po pogotowie albo do profesora Mściwoja Semerau-Siemianowskiego, kardiologa, który zajmował się ojcem. Moje życie nie było spokojne, wszystko było stresujące i nauka trudniejsza, ale dawałam radę. Z tym że ja na to patrzyłam już bardziej rozumowo, wiedziałam, że jego życie potrwa jeszcze tylko trochę. Aż pewnego dnia ojciec dostał trzeciego zawału, w ciężkim stanie trafił do Szpitala Dzieciątka Jezus i tam umarł. Mnie się zdawało, że to był starszy pan, a on miał sześćdziesiąt jeden lat. Dzisiaj sześćdziesiąt jeden lat to co to jest?

Proszę rzucić okiem na wycinki z gazet po śmierci ojca:

Józef Tadeusz Gawlikowski. Inżynier agronom. Kawaler Orderu Polonia Restituta, porucznik rezerwy 7. Pułku Legionów. Były prezes Związku Dublańczyków. Były naczelny dyrektor Komitetu Pomocy Dzieciom im. Prezydenta Hoovera. Były naczelny dyrektor Polskiego Białego Krzyża. Były sekretarz generalny Komitetu Wielkiego Tygodnia Górnego Śląska. Były naczelnik Wydziału Rolnego i zastępca dyrektora oraz delegat Państwowego Instytutu Eksportowego. Były członek Komitetu Dyskontowego Banku Polskiego w Katowicach. Wiceprezes Giełdy Mięsnej w Warszawie. Doradca do spraw mleczarskich przy Zarządzie Miejskim Miasta Stołecznego Warszawy.

Pamiętam, że na Krakowskim Przedmieściu ojciec zrobił olbrzymią wystawę *Mleko dla wszystkich*. To było pod egidą AGRIL-u – Administracji Gospodarstw Rolnych i Leśnych Miasta Warszawy – oni robili świetne przetwory mleczne. Ojciec tworzył AGRIL i długi czas był tam dyrektorem, a potem aż do śmierci z nimi współpracował. Ta wystawa była fajna, można było napić się napojów mlecznych.

Gdy pracował w instytucjach państwowych, to dobrze zarabiał. Z tym że raz zarabiał, a potem nie zarabiał. Bo nie zawsze pracował, miał przerwy na prace społeczne. Poza tym – chorował. A poza tym – jeździł do Sopotu i grał w kasynie. I nieraz przegrywał (śmiech).

Brakowało wam przez to czegoś?

Na co dzień niczego, ale ojciec był rozwiedziony, z poprzedniego małżeństwa miał trzech synów i musiał płacić na dwa domy. A to były duże wydatki, bo tamta żona nie pracowała, moja mama była chora i nie była w stanie pracować, więc wszystko było na głowie ojca. A on nie był zapobiegliwy i się nie przejmował, tu pożyczył, tam oddał, ktoś go zawsze poratował i jakoś to było, ale nigdy nie miałyśmy biedy.

Często mi mówił: „Pamiętaj, jak będziesz miała problemy, to szukaj pomocy u Żydów”, bo sam miał takich znajomych. I to mi się sprawdziło w życiu.

Ojciec był niefrasobliwy, lubił gości, dobre piwko, nie powiem, żeby się upijał, ale lubił spotkania towarzyskie, z alkoholem też. Po powrocie z Londynu mieszkaliśmy w Gdyni w pięknym sześciopokojowym mieszkaniu. Ojciec założył firmę handlu zagranicznego z Anglią i wtedy były pieniądze i w Sopocie kasyno (śmiech). Ale przyszedł kryzys lat trzydziestych i ojciec wszystko stracił, bo do handlu i biznesu nie miał smykałki. Przeprowadziliśmy się do Warszawy. Na szczęście dostał od AGRIL-u mieszkanie służbowe na Mokotowie, prowizoryczne, ale trzy pokoje z dużym ogrodem, więc dużo zieleni i owoców, i to mu odpowiadało. Przypomniało mi się ostatnie przedwojenne Boże Narodzenie w 1938 roku, po śmierci ojca.

I jak pani spędziła te święta?

W łóżku. Chora. Z gorączką. Jako dziecko byłam chorowita, pół szkoły przeleżałam na przeziębienia, ale i z wątrobą coś miałam, parę miesięcy byłam na diecie. A po pobycie w obozie przeziębiona jestem raz na kilka lat, musiałam się uodpornić.

A śmierć rodziców uodporniła panią na przeżycia obozowe?

Myślę, że uodporniła mnie na przeciwności życiowe. Stałam się bardziej odporna na ludzkie poczynania. Po śmierci rodziców, w wieku szesnastu lat, czułam się już dorosła. Człowiek szybko dorośleje, gdy musi o sobie decydować, a nie, że tatuś czy mamusia pomyśli. Z tym że ja wcześnie miałam własne zdanie. Jeżeli coś sobie wymyśliłam, to nie było łatwo mnie od tego odwieść. Uważałam, że tak chcę, tak postanowiłam, i koniec. Sądzę, że to po mamie, bo ona była konkretna i zdecydowana. Od początku byłam wyuczona, że najpierw odrabiam lekcje, a potem wychodzę do koleżanek. Bo przecież po śmierci mamy i ojca nikt mnie nie pilnował, a ja zawsze – obowiązek pierwszy, a potem przyjemności. Wszystko w życiu układałam sobie sama.

Po śmierci ojca moim opiekunem prawnym był cioteczny brat mojej mamy wujek Henio. Pewnego dnia przyszedł do mnie i niani i zabrał nam radio.

Jak to zabrał radio?

Bo były jeszcze do spłacenia dwie raty, to powiedział, że spłaci, ale zabrał. Jego żona – ciocia Hela – mu kazała.

Dostałam od ojca piękne radio Telefunken, które lubiłam. Bo wtedy – co było? Tylko radio. Ale było na raty, bo już wtedy u ojca było kiepsko z finansami, więc wujek Henio przyszedł i zabrał.

Ale mu się nie opłaciło, bo dosłownie w pierwszych dniach wojny, ni stąd, ni zowąd, wszedł do nich do mieszkania żołnierz niemiecki i pierwsza rzecz, jaką zrobił, to zabrał to radio pod pachę. Więc miałam dziką satysfakcję (śmiech).

A harcerstwo i szkoła były lekarstwem na stresy po chorobach i śmierci rodziców?

Harcerstwo odgrywało olbrzymią rolę w szkole i dawało samodzielność, ja byłam zastępową i przyboczną w drużynie. Dużo chodziłyśmy na wycieczki i zwiady, na mój gust – zajęcia rozrywkowe, ale przyjemne. Muszę powiedzieć, że mój zastęp „Słońce" był wyjątkowy, wydał z siebie indywidualności, z niego wyrosły najlepsze dziewczyny: Halina Glińska czy Danuta Zdanowicz, które niesłychanie pokazały się w Szarych Szeregach i w dalszej wojnie, gdy mnie już nie było w Warszawie.

Jako harcerki pomagałyście komuś?

Tak, zawsze miałyśmy pod opieką biedne rodziny, chodziłyśmy pomagać dzieciom w lekcjach, szykowałyśmy dla nich paczki na święta.

W mojej szkole wzorem dla mnie była pani Anna Białokurowa, polonistka, przepiękna kobieta. Mam jej fotografię, którą zrobiłam, bo przed wojną spotkaliśmy się w Druskiennikach na wczasach, ja byłam z ojcem, a ona – z mężem. Znałam ją, mimo że mnie nie uczyła. Zawsze elegancka, a my zwracałyśmy uwagę na to, jak człowiek wygląda, jak dba o siebie. Była wspaniałą osobą o dużym charakterze, spokojna i opanowana, lubiana przez wszystkie dziewczyny. Od razu zaczęła

Anna Białokurowa, Druskienniki 1937

pracować w konspiracji, i to poważnej, i skończyła tragicznie. Po przesłuchaniach w Gestapo na Szucha była bardzo pobita, przywieźli ją na Pawiak, leżała w szpitalu na Serbii i popełniła tam samobójstwo, powiesiła się w ubikacji. Trzeba zaznaczyć, że na oddziale ubikacje były otwarte, ale w szpitalu była jedyna ubikacja z drzwiami i tam była ta możliwość.

Nie wytrzymała bicia?

Tego nikt nie wie, ona nikomu nic nie powiedziała. Ale myślę, że wolała umrzeć na wszelki wypadek i ocalić ludzi z konspiracji, o których mogłaby przypadkiem w końcu powiedzieć podczas kolejnych ostrych przesłuchań. Aresztowali ją razem z drugą nauczycielką panią Haliną Nieniewską, którą mało znałam, bo uczyła francuskiego, i ona od razu zginęła na Szucha, po prostu esesmani ją zabili. Też nic nie powiedziała, też była dużej jakości pani. Pani Białokurowa z panią Nieniewską działały w grupie, która zajmowała się naszymi spadochroniarzami – cichociemnymi i Anglikami. Urządzały ich w Polsce i opiekowały się nimi. I wpadły, ktoś je wydał, bo Niemcy mieli dokładny donos. Niemcy zabrali też wtedy z domu męża pani Białokurowej pana Franciszka Białokura, który był dużo starszy od niej, i zginął na Szucha, a ją, mocno pobitą, przywieźli na Pawiak i w nocy się powiesiła.

Pamiętam, że gdy zdawałam maturę, wtrącały się do moich spraw ciotki: „Ty musisz szybko skończyć jakąś szkołę pomaturalną, żeby tylko zacząć zarabiać". Nie znosiłam takich uwag i od razu im odpowiedziałam: „Żadne szybko, ja skończę takie studia, jakie będę chciała". Myślałam: „Niech zobaczą, że nie ze mną takie numery" (śmiech).

Mam białe wino, napije się pan?

Zostało mi, bo przedwczoraj zorganizowałam u siebie spotkanie koleżanek z klubu, było nas osiem. Pytały: „A co to za okazja?". Mówiłam: „Zasadniczo okazja w tej chwili żadna". Ale ponieważ w czerwcu były moje imieniny, a koleżanki były w Niemczech, w sanatoriach, to nic nie urządzałam. Prawdę mówiąc, ja teraz nie lubię urządzać imienin, bo w dzień moich imienin był pogrzeb Ani. I mam skojarzenia, źle się czuję i omijam ten dzień.

Ale uważałam, że trzeba z koleżankami spotkać się raz prywatnie, bo do tej pory spotykałyśmy się tylko w klubie. Warunki mam, mieszkanie jest sporawe, sama mieszkam, dzieci nie płaczą (śmiech).

Piłyście drinki?

Piłyśmy tylko wino. Był upał i powiedziałam, że mam do dyspozycji inne alkohole, ale uważam, że trzeba pić białe wino z wodą mineralną. I tak piły. Były w dobrych humorach i wyglądały tak świeżo jak na swoje latka (śmiech).

To równolatki?

Tak, tak, oczywiście.

Najstarsza pani w klubie ile ma lat?

Też była! Skończyła sto lat. Z głową bardzo dobrze, nieźle się czująca, przyszła tu na własnych nogach.

Sama?

Z koleżanką.

Porusza się swobodnie?

Ma laskę, czy nawet szwedkę – taką kulę inwalidzką z podparciem na łokieć. Elegancka pani, zadbana, ona jest najstarsza w klubie. Ale pań po dziewięćdziesiątce jest u nas około czterdziestu. I więcej przybywa niż ubywa. Bo starzeją się, ale żyją coraz dłużej. Gdy patrzę na ludzi, zwłaszcza na kobiety, to wiek ogromnie się przedłużył. Kiedyś pani dziewięćdziesięcioletnia to już była fest staruszka (śmiech). Prawda?

Pewnie. Przybywa stulatków.

Teraz żyją, same chodzą. Przede wszystkim leczenie jest inne: szybkie, od razu, gdy coś się pojawi. A kobiety bez przerwy chodzą do lekarza. Poza tym każde kolejne pokolenie jest zdrowsze. Ale ja robię sobie badania raz na trzy lata – tak dla hecy.

Wróćmy do pani imienin i koleżanek.

Wszystkie zjawiły się punktualnie. I trzeba było wydać obiad. To był obiad kombinowany, w tym sensie, że kupiłam półprodukty, żeby zanadto się nie obciążać (śmiech). W sklepie Befsztyk, niedaleko mojego domu, na Puławskiej przy Domaniewskiej, mają wspaniałe wyroby wschodnie, na przykład litewskie, zbliżone do przedwojennego kulebiaka, to się dzisiaj nazywa „strucla jarzynowo-mięsna". Więc zakupiłam dobry barszcz Krakusa i taką struclę, to się podgrzewa, kroi na kawałki, i już jest barszcz z dodatkiem. W Befsztyku kupiłam też bardzo dobre placki kartoflane, podsmażyłam, na wierzchu położyłam śmietanę, na nią łososia wędzonego i po bokach małe ogóreczki. Potem była szarlotka, też sama nie piekłam.

A! Jeszcze na początku były kanapeczki z kawiorem, z wędliną i z tatarem. To już moja produkcja. I wyszło dobrze, na tyle osób to jest trochę pracy. Rozsunęłam stół, nakryłam, przygotowałam i wszystko było ekstra. One potem pomogły, mówiłam: „Dajcie spokój, ja to posprzątam", ale dziewczyny pozmywały, i dobrze, bo ja nie lubię zmywać (śmiech).

Wie pan, z koleżankami w klubie śmiejemy się, że ten obóz to jednak dobrze nas zakonserwował.

Trzymacie się tak dobrze dzięki diecie obozowej?

Coś w tym jest (śmiech). Kto przeżył, ten na pewno uodpornił się na wiele rzeczy. Człowiek się zakażał, chorował i się uodparniał.

Moje koleżanki z klubu wyglądają żwawo, mają gładką cerę i takich typowych pomarszczonych staruszek to akurat nie było w tej grupce.

Pani Krysia, która przychodzi do mnie zajmować się suczką, jest młodsza od nas o kilkanaście lat, ale ma wyjątkowo zniszczoną twarz. Trudno mi powiedzieć dlaczego, bo to są i sprawy genetyczne. Ona strasznie przeżyła tę wizytę. Gdy moje koleżanki poszły, to długo patrzyła w lusterko.

Aż tak bardzo się porównywała?

Aż tak bardzo. Sama zwróciła na to uwagę: „Jak te wszystkie panie dobrze wyglądają, jaką mają cerę bez zmarszczek". Akurat tak się złożyło, bo było nas osiem i może jedna miała twarz trochę zmęczoną, bo jest dosyć chora.

Ta pani, która ma już setkę?

Nie, inna. Natomiast ta z setką wygląda dobrze, ona mówi: „Ja rano mogę umawiać się najwcześniej na godzinę dwunastą, bo muszę mieć dwie godziny na dbałość o swój wygląd". I rzeczywiście jest zadbana, wyklepana – można powiedzieć (śmiech). Zawsze elegancko ubrana i samodzielnie przyjechała do mnie metrem.

Niech mi mówi, co kto chce: duch duchem, ale wygląd jest ważny. Sprawia, że człowiek jest dla otoczenia milszy, wzbudza większe zaufanie. Te zewnętrzne sprawy działają optycznie. Ludzie ładnie wyeksponowani zewnętrznie łatwiejsi są do kontaktu. Zaniedbany nie daje łatwości zbliżenia. Człowiek, który nie dba o wygląd, ma w charakterze coś niekorzystnego, coś tu jest nie tak. Nie przepadam za obdartusami.

Zasada święta: im człowiek starszy, tym bardziej musi o siebie dbać. Bo młoda, świeża dziewczyna – wystarczy, że się umyje (śmiech).

Widzę, że coraz więcej kobiet zaczyna dbać o kondycję fizyczną. Jeśli starszy człowiek dba o siebie, to może jeszcze zostać cień urody. Moje panie z klubu starają się podciągać, ja zresztą mówię: „No, co to jest, dlaczego się nie uczeszesz, jak ty wyglądasz?". Zawsze u siebie w klubie lansuję: „Kobieta starsza może ubierać się kolorowo, bo wtedy sama nabiera barw". Mówię: „Już patrzeć nie mogę – szaro, czarno, buro. Dajcie spokój, to okropne". No i widzę, że niektóre biorą przykład ze mnie. Tłumaczę im, że to jest ważne: „Patrzcie, jak na Zachodzie kobiety w starszym wieku ubierają się w piękne kolory i to im dodaje wdzięku".

Wie pan, miałyśmy w klubie koleżankę – świeć Panie nad jej duszą (śmiech) – która też przeżyła obóz i do końca czuła potworną nienawiść do Niemców, a umarła parę lat temu. Ale była nastawiona wręcz chorobliwie. I przyznawała: „Ja się będę smażyła w piekle, bo nienawidzę ich i będę nienawidziła". A ja mówiłam: „Przecież to nie ci ludzie. Ich dzieci, wnuki". My nieraz z niej żartowałyśmy, a czasem usiłowałyśmy coś jej tłumaczyć, ale ona mówiła, że nie jest w stanie tego w sobie zmienić. U nas w klubie jest generalnie takie nastawienie, żeby nawiązywać kontakty z Niemcami i jeździć do Niemiec, a więc kierunek pozytywny. A ona tak nie umiała. Raz pojechała do

Berlina na mszę i na poświęcenie przez naszego papieża tablicy pamięci Polek byłych więźniarek Ravensbrück. I stale do mnie mówiła: „Nie potrafię nikomu wybaczyć".

Dużo poznała pani kobiet tak demonstrujących niechęć do Niemców?

Nie. Spośród tych, które znam, to żadna. Po wielu latach to łagodnieje, najlepszy dowód, że prawie wszystkie moje panie z klubu jeżdżą do Niemiec i mają sympatyczne układy z rodzinami niemieckimi. Obściskują się, obcałowują. Oczywiście, to nie są ci sami Niemcy, którzy pracowali w obozie i je bili czy maltretowali.

Po raz pierwszy pojechałam na wczasy do niemieckiej rodziny poprzez Fundację imienia Maksymiliana Kolbego w 1981 roku i tak się z nimi zaprzyjaźniłam i zżyłam, że jeździłam do nich rokrocznie, zjeździłam Niemcy i nie czułam żadnej chęci zemsty. Ci Niemcy już nie wiedzieli, gdzie mnie posadzić, gdzie wozić, co pokazać, czym dogodzić (śmiech). Starali się i robili, co mogli – aż za dużo. Nie lubię takich sytuacji, bo widać było, że oni by chcieli zatuszować całą sprawę, że są aż nadto pełni dobrej woli. W PRL-u, gdy u nas było kiepsko z zaopatrzeniem, to przysyłali paczki. Okazywali serdeczność, chcieli pokazać się w innym świetle. Do tej pory tacy są. Przede wszystkim – zapraszają.

Rozmawialiście o wojnie?

Sami opowiadali o swoich przeżyciach. Najbardziej zbliżyłam się i często jeździłam do pani z rodziny katolickiej z Freiburga. Ona w czasie wojny była w katolickim stowarzyszeniu dzieci i młodzieży. Mówiła, że w lesie mieli swoje miejsce, w którym się modlili, i że napadały na nich dzieciaki z Hitlerjugend. Jej rodzina była negatywnie nastawiona do Hitlera. Jej ojciec, nauczyciel, dwa lata siedział i zginął w więzieniu. Ich było czworo dzieci, mam nawet taką książeczkę z jego wspaniałymi, czułymi listami, które pisał do swoich dzieci.

Jeździłam też do rodziny holendersko-niemieckiej. Bywałam też u trzeciej rodziny, on był biznesmenem, długo mieszkali w Portugalii, zupełnie niezwiązani z tym, co było w czasie wojny.

Te rodziny działały w Fundacji imienia ojca Kolbego, bo wszystkie kontakty zaczęły się przez nią. Moi znajomi też jeździli do wybranych rodzin. Do hitlerowców byśmy się nie wybrali, z takimi ludźmi nie miałam do czynienia. Z Fundacji Kolbego nie zaproponowaliby mi przecież, żebym pojechała do sympatyków Hitlera.

Poza tym – poprzez Fundację Kolbego organizowane są wyjazdy zbiorowe i ludzie ciągle jeżdżą tam na wczasy. Pomijam już, że Niemcy w Polsce załatwiają sanatoria i różne imprezy, i to już od wielu lat.

Teraz przestałam jeździć, bo zaczęła mnie boleć noga. Ostatni raz miałam pojechać pięć lat temu, ale przed wyjazdem koło domu napadli mnie dwaj gówniarze, uderzyli w głowę, upadłam i uszkodziłam twarz (śmiech). I lekarz nie pozwolił mi jechać.

To wypijemy trochę brandy?

Powiem panu, że nie lubię cmentarzy. Za dużo w życiu widziałam, jak ludzie ginęli w straszny sposób, bez jakiegokolwiek szacunku. I według mnie to wszystko jest dla żyjących, a nie dla tych, co nie żyją, im jest wszystko jedno. Nigdy nie miałam zbyt dużego nabożeństwa do tych spraw (śmiech). A szczególnie po wojnie. Nicość śmierci wyrobiła we mnie myślenie: dać im wszystkim święty spokój.

Ale ludzie sprowadzają szczątki, porządkują te sprawy, to pewnie związane jest z pamięcią.

Pamięć to ja mam w głowie. A to jest proch, czyli nic to już nie jest. Znam ludzi, którzy piętnaście razy na tydzień chodzą na cmentarz, ja nigdy tego nie miałam.

Pamiętam, że po wojnie nie mogłam znaleźć grobu ojca na Powązkach, bo w czasie wojny na grób spadła bomba i była dziura. Jednak ciotka Irena Gniazdowska, ta z Chełma, siostra ojca, zapamiętała nazwiska pochowanych obok. Dyrektorem kancelarii cmentarza był brat znajomego lekarza ze szpitala w Otwocku i powiedziałam mu, że grób był fundowany przez miasto. On to sprawdził i powiedział, że wszystko jest w porządku, że to grób ofiarowany zasłużonemu pracownikowi miasta.

Przypomniała mi się historia, którą znam z opowiadań, bo byłam jeszcze wtedy w obozie. Druga siostra mojego ojca, ciotka Zofia Zajączkowska, przed wojną mieszkała w Gdyni, ale Niemcy ich wyrzucili i z mężem wdowcem i z dwoma pasierbami przyjechali do Warszawy, i mieszkali na Puławskiej przy placu Unii Lubelskiej. Gdy wybuchło powstanie, ciotka była pod Warszawą, a jej męża i jednego pasierba Niemcy rozstrzelali na Szucha. Gdy w styczniu 1945 roku weszli już Rosjanie, ciotka przywędrowała z powrotem do Warszawy, zeszła do piwnicy, zobaczyła resztki swoich rzeczy z domu i z wrażenia, z silnego przeżycia dostała ostrego zawału, i tam na miejscu zmarła. A całą wojnę dobrze się trzymała, była zdrowa.

Która jest godzina? Dwudziesta druga. To nieźle. Na rozmowy najbardziej lubię wieczór. Rano wprawdzie czuję się dobrze, ale do czynności podstawowych: zrobić coś w domu, wyjść do sklepu, załatwić sprawy urzędowe. Ale sprawy intelektualne to najchętniej wieczorem, wtedy jestem rozkręcona.

Poza spacerem z psem wszystkie sprawy załatwia pani sama?

No pewnie. Trzy razy w tygodniu przychodzi do psa pani Krysia, ja mogę wtedy swobodnie wyjść na dłużej, żeby pies nie był sam. Ona dwa razy z nim wychodzi, pobiega z nim, ugotuje mu jedzenie, zajmuje się nim jak dzieckiem (śmiech).

Działam w Klubie Kobiet Ravensbrück, trochę w pojednaniu polsko-niemieckim, teraz mniej, bo nie ma tylu komisji zdrowotnych.

Raz w miesiącu pracuję w przychodni Fundacji Armii Krajowej. Pójdę, tam są pacjenci, to się z nimi umawiam. Ale lubię. Już chyba będę pracować do śmierci (śmiech).

Wie pan, przeszkadza mi, że chodzę z laską. Denerwuje mnie, że widać ślad wieku. Moja córka mówi: „Ty już przestań się wygłupiać, ciesz się, że wyglądasz dobrze i dobrze się czujesz, co ci przeszkadza laska?".

Mówię: „Przeszkadza mi psychicznie".

Laski zaczęłam używać, gdy coraz mocniej bolała mnie noga. Okazało się, że w mojej protezie biodrowej sprzed czternastu lat wykrusza się cement. Zaprzyjaźniony lekarz powiedział mi, że teraz robią łącza z porcelany, ale nie będziemy operować, bo to ciężka operacja. To moja sympatia, przyjaźnimy się od lat. I już mu odtąd nie dałam żyć. Bo gdy mi to powiedział, to najpierw nie zareagowałam, ale wróciłam do domu i od razu pomyślałam o operacji. Nie jestem strachliwa. Mój doktor skierował mnie do swojego kolegi do szpitala w Otwocku. Tam też mówili, że operacja będzie długa i ciężka, jednak mi nie odmówili. Lekarz w Otwocku popatrzył na mnie i nie miał wątpliwości, że trzeba zoperować jak najszybciej, bo stara proteza mi trzaśnie i nie będę mogła chodzić. Zdecydowałam się na zabieg, bo jestem kondycyjnie młodsza o piętnaście albo dwadzieścia lat niż w metryce. Nic mi nie dokucza, mam zdrowe serce, zdrowy przewód pokarmowy, zdrową wątrobę, zdrowe płuca, widzę, słyszę, czaszka idealna – żadnego zwapnienia. Pomyślałam: „To co może mi się stać? Najwyżej mogę umrzeć" (śmiech).

I myślała pani o śmierci?

Jakoś muszę umrzeć, ale na razie traktuję to nierealistycznie. Bo przecież mam dopiero dziewięćdziesiąt dwa lata. Lekarz, który robił mi echo serca, mówił: „Ale piękne, młode serce".

Nie wyobrażam sobie, że miałabym wegetować, stać w oknie albo leżeć w łóżku i nie chodzić. Świetny był wykonawca operacji – specjalista od przeróbek. Znieczulona byłam miejscowo i słyszałam odgłosy szlifowania, stukania młotkiem, bo to biodro było zmurszałe i musieli usunąć i wyczyścić wykruszone części starej protezy i kość. Na szczęście nie było stanu zapalnego i mogli założyć nową protezę. Lekarz powiedział: „Jeszcze niech pani nie leci po szampana, ale zakładam protezę" (śmiech).

Po trzech dniach stanęłam na nogi. Po tygodniu byłam w domu. Po dwóch tygodniach noga mnie nie bolała.

Zabezpieczyłam sobie pierwsze noce, bo człowiek ma fizjologiczne potrzeby, i przychodziła zaprzyjaźniona Ukrainka, która sprząta u mnie już osiem lat. Rano zrobiła mi śniadanie, pościeliła łóżko, podała coś do picia. Przychodziła po pracy i rano z powrotem szła do pracy. Zaangażowałam ją na dziesięć dni, bo potem pojechała na Ukrainę.

Przez pierwszy miesiąc byłam nie do wzięcia (śmiech). Nie mogłam się skręcić, schylić, zgiąć, bo noga musiała być w stałej pozycji. Sama robiłam sobie zastrzyki w brzuch, żeby nie skrzepła krew.

Pamiętam, że przez dwa dni po operacji mnie bolało, nie mogłam wstawać i myślałam: „Co ja, stara babka, wymyśliłam sobie operację urazową?! Czy nie przeliczyłam się ze swoimi siłami?". Ale minęło.

Doktor powiedział córce: „Pani mama jest niezłomna". Pomyślałam: „Tyle przeżyć miałam w życiu i tym razem muszę przebojowo".

Wie pan, przed operacją nie najlepiej nastroiła mnie koleżanka Krysia. Znamy się sto lat (śmiech). Ona upadła w domu, złamała szyjkę kości udowej i była pod opieką mojego ukochanego doktora. Operował ją o czwartej po południu, a pół godziny po tym, gdy ją przywieźli do łóżka, wstała i zaczęła chodzić (śmiech). Sensacja na cały szpital. Coś jej się pokręciło w głowie, latała po szpitalu, nie wiedziała, gdzie jest. Jeszcze działało znieczulenie. Jakieś odchylenie musiało być, bo nikt nie wstaje z łóżka pół godziny po takiej operacji. Ale ona ma chyba takie tendencje, bo przed operacją też wstawała i biegała po korytarzu ze złamaną szyjką tej kości. A to jest potwornie bolesne, przecież jak ja to miałam, to nie mogłam nogą ruszyć. A ona widocznie miała znieczulenie w głowie. Krysi siostra była w moim wieku, a już od kilku lat miała problemy z głową i się gubiła. A Krysia do tego wypadku była w dobrym stanie psychicznym, nic u niej nie zauważyłam. Ona jako człowiek była w obłokach, nie bardzo życiowa. Urbanistka, kończyła ASP, malowała, rysowała, więc artystyczna dusza. Wszystko w życiu załatwiał jej mąż, a gdy umarł, to ona tylko liczyła, co kto jej załatwi, bo zupełnie nie miała zainteresowania życiem praktycznym. I nagle złamała szyjkę kości udowej. Przewróciła się w domu i leżała iks godzin, bo nie było nikogo. Miała komórkę, ale jej nie poważała. Po pierwsze: mając tyle lat, komórkę trzeba mieć w kieszeni albo na szyi, zwłaszcza jak się wie, że ma się kiepskie serce i rozrusznik. Ale ja mam nie pierwszą taką sytuację z moimi koleżankami, które noc przeleżały na podłodze, bo nie mogły się ruszyć, a komórka gdzieś tam na stole. I druga rzecz: gdy drzwi są zamknięte, klucz musi być wyjęty z zamka i ktoś, kto mieszka niedaleko, musi mieć klucz zapasowy.

Ale nie mówmy już o operacjach. Pokażę panu swoje zdjęcia. Przed wojną miałam prostego kodaka i z zamiłowaniem robiłam zdjęcia sobie, rodzinie i znajomym. Gdy mnie Niemcy aresztowali, to moja niania z panią Zosią Chruścielewską wszystkie moje zdjęcia spaliły. Bo byli na nich moi znajomi, a przecież Niemcy mieli zwyczaj, że gdy znajdowali zdjęcia, a na nich byli młodzi ludzie, to ich szukali.

Jako swoich wrogów?

Tak, każdy mógł być potencjalnym wrogiem. Tak że gdy wróciłam z obozu, nie miałam już nic. Wie pan, co miałam? Przy sobie miałam trzy zdjęcia i one ocalały: mojej mamy, mojego ojca i Joanny Penson. Gdy Niemcy mnie aresztowali, to mi te zdjęcia zabrali w Gestapo na Szucha, ale gdy wyjeżdżałam

z Warszawy do obozu, to gestapowiec mi je oddał. Niesamowita historia, nie wiem dlaczego, do dzisiaj się dziwię. Przywiozłam je do obozu i tam też Niemcy mi je odebrali. Leżały w magazynie z moimi rzeczami, ale gdy wychodziłyśmy z obozu, to koleżanki Polki, które tam pracowały, wyciągnęły je i mi oddały, i przywiozłam je do Polski.

Po wojnie nie miałam żadnych pamiątek. Po rodzinie pozbierałam trochę zdjęć z dzieciństwa.

O – album otworzył mi się na zdjęciach Joanny Penson. To z dedykacją jest z czasów wojny, podpisane „31 grudnia 1940 roku", i właśnie to zdjęcie Joasi wędrowało ze mną, i przebyło tę drogę przez Gestapo i obóz.

Od kiedy się znacie?

Miałyśmy po dwanaście lat, byłyśmy koleżankami szkolnymi. Gdy kilka miesięcy temu byłam u Joanny w Sopocie, bo nie widziałyśmy się parę lat, to mi powiedziała: „Dla mnie ważne,

Trzy zdjęcia, które ocalały: Halina Dunin, 1932 rok – Józef Tadeusz Gawlikowski, 1937 rok – Joanna Penson, 1940 rok

że ty pamiętasz moich rodziców". Dla człowieka w pewnym wieku, gdy już koło jego przyjaciół i znajomych mocno się przerzedza, fakt, że ktoś znał jego matkę i ojca, że ich pamięta, bardzo go do nich zbliża.

Przez to, że pani ich pamięta, ci ludzie jakby dla niej żyli?

No, tak jest, ma pan rację. Dlatego chętnie – zwłaszcza w starszym wieku to jest ważne – rozmawia się o bliskich znajomych z dawnych lat czy o rodzinie, czy o ludziach, z którymi się żyło. Człowiek trzyma się ludzi, którzy znają naszą przeszłość. To jest typu uczuciowego.

Joanna teraz jest siwa, namawiam ją, żeby pomalowała sobie włosy, ale jest oporna.

Nie chce być blondynką?

No, ja jej mówię: „Słuchaj, ja od wielu lat maluję włosy. Nie wyobrażam sobie, żebym chodziła jako siwa staruszka" (śmiech). Bo ja nie lubię siwizny. Dobrze czuję się z włosami blond, a z natury byłam ciemną szatynką. Ale bardzo wcześnie zaczęłam siwieć. Dwadzieścia parę lat miałam i wokół twarzy pasma siwych włosów.

Rzeczywiście wcześnie.

Obóz.

Jednak?

Tak, tak. Najpierw fryzjer mi mówił: „Dobrze pani z tymi siwymi". A za parę lat, gdy człowiek spoważniał – ja zresztą dosyć długo wyglądałam młodo i dobrze mi było z tymi siwymi, ale potem siwych było za dużo, lat za dużo, wszystkiego za dużo – to wtedy fryzjer powiedział: „Wie pani co, może podmalujemy?". A ja: „Proszę bardzo" i najpierw malował mi na ciemno, ale kolega namówił mnie na blond (śmiech). No, lubiłam tego kolegę bardzo... Pracowaliśmy razem dwadzieścia lat. Dla mnie siwizna łączy się ze starością. Człowieka bardzo to postarza, po co ja sama mam się postarzać? Wystarczająco już jestem stara (śmiech).

A na tym zdjęciu jest pani Maria Chełmicka.

Pani matka obozowa.

Tak, ta, z którą byłam zaprzyjaźniona, dużo starsza ode mnie, ogromnie miła.

A to jest zdjęcie pani Stanisławy Schöneman, która wymyśliła pracownię artystyczną w obozie.

A to są kobiety od ludowców, z którymi wpadłyśmy w Warszawie: Stefania Jachimowicz i Janina Borkowska. One wpadły na amen, obie rozstrzelano.

A to zdjęcie zrobiłam w 1937 roku pani Annie Białokurowej, tej, która działała w konspiracji i popełniła samobójstwo.

A to moje zdjęcie maturalne z 1939 roku.

A to są zdjęcia obozu w Ravensbrück, które zrobiłam tuż przed powstaniem muru berlińskiego: to jest jezioro, a to krematorium. To są te zdjęcia pierwsze, bo zdjęć z obozu mam od cholery.

A z pobytu w obozie nie ma pani ani jednego zdjęcia?

Nie. Zachowało się parę zdjęć „królików". Ktoś robił zdjęcia ich operowanych nóg i potem je wywiózł na Zachód, żeby pokazać. Ale wszystko było w tajemnicy. Nie mam pojęcia, jakie były tego koleje, czyj był aparat.

I do dzisiaj nie trafiło do pani żadne zdjęcie zrobione przez Niemców?

Nie. Może gdybym mocno się tym zainteresowała, tobym do czegoś dotarła, ale nie miałam takiej potrzeby.

Wie pan, obserwuję moje koleżanki z klubu, te, które w obozie siedziały najkrócej, bo przyjechały po powstaniu warszawskim, Niemcy zarejestrowali je jako więźniarki, po czym większość zaraz wysłali na przymusowe roboty w fabrykach. One lubią używać reliktów obozowych i stroją się w chustki w paski.

Nie odzywam się, nie chcę ranić ich uczuć, każdy ma swoje hobby, ale patrzę na to ze zdziwieniem. Bo ja nie robiłam tego nigdy.

Już nie mówię o ludziach, którzy przechowali te ubrania – pasiaki z obozu – i też potrafią ubrać się w nie na jakieś ekstraokoliczności. A ja z obozu, mówiłam panu, przywiozłam płaszcz zimowy i jedwab w kwiatki, z którego uszyłam sobie koszulę nocną. Praktycznie patrzyłam, co mi się przyda na wolności. Nie przyszłoby mi do głowy, żeby przywieźć do Polski pasiak. W życiu bym tego nie włożyła! Nie dlatego, że to było okropne, tylko mnie się to nie podoba, bo to jest teatr. Można wyjąć z szafy i pokazać ludziom, że takie ubranie było w obozie, ale się w to nie przebierać. Dla mnie to jest przebieranie demonstracyjne.

A gdzie wkładają te chustki w paski?

Na szyi sobie zawiązują, gdy jadą do obozu czy na jakąś uroczystość, żeby wszyscy na pewno wiedzieli, że one były w obozie. Jakieś babki szyją te chustki – podobno w Warszawie jest nawet sklep z tymi szytymi ciuchami obozowymi – bo przychodzi do nas do klubu kobita i mówi: „Mam do sprzedania pięć chustek. Ile chcecie?".

Z Dariuszem Zaborkiem, marzec 2014

Sprzedają je jako chustki obozowe, a one są uszyte teraz?

Tak, teraz, właśnie o to chodzi, bo to nie są chustki obozowe. Chustki obozowe były białe albo kremowe, zwykła cienka szmatka, bez żadnych pasków. Ale one tak to sobie komponują, żeby było skojarzenie z obozem.

Gdy mnie pytają: „Chcesz chustkę?", to ja mówię: „Nie! W życiu! Po co mi ta chustka?!".